走過二十年的恩典足跡

雙連安養中心感恩文集

財團法人臺灣基督長老教會雙連教會附設新北市私立雙連安養中心——著
胡芳芳、林稚雯——撰稿　黃世澤——攝影

推薦序

二十年服務，長者最溫暖的家

蘇貞昌（行政院院長）

雙連安養中心二十週年了！我帶著滿滿回憶和感動，送上最誠摯的祝福。同時，也對雙連長老教會長年投身慈善公益，不遺餘力提供長者全人照顧服務，讓長輩享有身心健康尊嚴的晚年生活，表達由衷的謝意與肯定。

回想二十年前，在擔任台北縣長時，台灣已邁入高齡化社會，雙連教會預見老人生活照顧的需要，要在三芝籌建雙連安養中心，選定的用地是一片荒地，草長得比人還高，交通更不方便。還記得一九九八年第一期工程動土典禮那天，是一個颳風又下雨的日子，我們在臨時搭起的棚子裡為工程祈福，期許一切順利。

「老有所終、子女安心」的長照典範

接著，縣府團隊來到現地，排除了一件件困難，協助做擋土牆、施做排水溝，也開闢週邊道路，一步步完善了基礎設施，讓雙連安養中心從荒地裡逐步興建完工。二〇〇〇年，親眼見證第一棟大樓落成，也出席了二〇〇三年第二棟大樓啟用典禮。二十年來，看著雙連安養中心「從無到有、從有到好」，從一片荒蕪到全國首屈一指的安養中心，雙連教會用行動打造「老有所終、子女安心」的長照典範，做為見證者、參與者，我感到與有榮焉。

在台北縣長任內初始，就在各個鄉鎮市開辦松年大學，讓長輩可以跟上時代，活到老、學到老，希望「不要讓老人關鐵窗，讓年輕夫妻可以放心去上班、去做工」，這點子，正是當年向雙連教會取經來的。雙連安養中心也早在二〇〇〇年，設立全國第一所老人福利機構內的松年大學，學生平均年齡超過八十歲，個個活力十足。二〇一八年，我再次到訪中心，看到有長者開心彈奏鋼琴，分享音樂之美，也有人將自己的畫作當成禮物送給我，他們臉上洋溢的溫暖笑容，就是對我從事公共服務，能夠結合民間力量，一起造福人民，最大的肯定。

為更美好的台灣努力

現在，事隔十三年，再度擔任行政院長，做好長照是蔡總統的政見，也是蔡總統最重視的施政重點之一，政府在二〇二〇年投入超過四百億元推動長照，相較於蔡總統二〇一六年剛上任時，已經足足成長八倍，除了設置七千多個社區照護據點，落實老人家的在地安養，也針對家中長者住在長照機構的家庭，給予每人每年六萬元補助，並新增十二萬元長照扣除額，為有長照需求的家庭減輕負擔。未來政府也將持續提高經費、完善長照體系及服務，做到「政府用心、長者開心、子女放心」。

雙連安養中心在二十週年之際，將其辛苦累積的專業實務經驗，和阿公阿嬤的生命故事集結成冊，出版專書：《走過二十年的恩典足跡——雙連安養中心感恩文集》，幫助社會大眾翻轉對老化及長照的刻板印象，並鼓勵相關科系學子投入照護領域，從而產生更多正向溫暖的關懷力量，為台灣的長照領域注入活水。這是雙連安養中心和長者們用生命歷程，共同為台灣上的一課，別具意義，我要致上深深的感謝和祝福，也期勉大家一起繼續為更美好的台灣努力。

推薦序

面對超高齡社會，雙連安養中心的超前部署

吳玉琴（立法委員）

感謝上帝的帶領，雙連安養中心設立，一轉眼就二十年了，從最初的安養異象，已經變成登記入住大排長龍的超高齡社會景象。

雙連安養中心成立時，我國老人人口比率為八．六二％，二十年後的現在是十六％。預估二〇二六年就會達到二〇％的超高齡社會。

二十年之中，二〇〇三年我們遇到SARS，二〇二〇年我們再度面臨新冠肺炎的挑戰。

二十年來，老人福利法修了七次，大幅提升老人機構安全係數和服務

品質；勞動基準法一例一休的修法，落實週休二日，落實勞資會議，保障勞工權益。

這些衝擊，雙連一一面對，憑著信心以及專業，提供長輩最優質的機構照顧。

二〇一五年，制定長期照顧服務法，長照1.0、2.0，已經演變到長照2.0升級版。

這些轉變，雙連迅速跟上，走出機構邁入社區，提供居家及社區照顧，並扮演A個管，提供長輩連續性服務。

讓長輩擁有優質照顧、活得精采

雙連安養中心，一直是各方（政府及雜誌）評鑑第一名的安（養）護機構，主要是雙連不想讓長輩成為「三等公民」（等吃飯、等睡覺、等上天堂），所以發揮許多巧思，讓長輩擁有餐點選擇權；讓長輩繼續創作、選擇課程；讓長輩適性運動、活力老化，讓長輩感受到在機構內，也可以獲得優質照顧並生活得很精采。

二十年來，勞保年金化、制定國民年金法、中高齡及高齡者就業促進法、民法意定監護制度、安寧緩和醫療條例及病人自主權利法等，這些法律和政策的制定，都是為了保障老人的經濟安全，以及生活及生命末期的選擇權。

大家都很想選擇入住雙連安養中心，但務實一點來看，好好把這本書《走過二十年的恩典足跡──雙連安養中心感恩文集》讀通，充分理解雙連安養中心的異象，以及一步一腳印的經營理念，你、我都可以為提升老人照顧品質盡一份心力。謝謝蔡芳文前執行長的拓荒以及賴明妙院長及所有雙連安養中心同仁的努力。

推薦序

二十年的「青春」

潘冀（潘冀聯合建築師事務所創辦人）

欣慶雙連三芝福利園區設立至今廿週年。蒙邀為此紀念專書《走過二十年的恩典足跡——雙連安養中心感恩文集》寫序，深覺榮幸並為雙連感恩。

我們事務所與雙連長老教會結緣，其實是從一九九七年起。當時教會計劃興建此園區，舉行建築師甄選，我們有幸雀屏中選，從此一路邊做邊學，陸續從一、二、三期到新莊的社福中心，到現在正要興建的四期，一直與教會及園區配合，努力共同向前。

設計過程中，與興建委員們共同出國考察，看到委員們認真的學習，及數不清次數的討論會議（多在夜晚或週末）十分感動，更讓自己及公司參與此案的同仁，不敢掉以輕心。

跳脫刻版印象的「幸福長者」

從一期落成啟用後，看到與興建委員一起研究規劃的空間，及營運團隊在執行長的帶領下，為入住長者所設計的各種多樣性活動、學習課程與飲食起居安排，真為這些幸福的長者高興。在這園區所看到的，不是刻版印象中的「老人院」，而是除少數臥床養護的長輩外，都是充滿活力、對生活興緻昂然的年長者，像住在渡假村中一樣，臉上充滿光采。心想有朝一日，不知自己是否也有幸可以住進這樣的設施中。

走筆至此，不禁想到台灣現時已步入高齡化，六十五歲以上的人口有三百三十多萬人，針對這些長者（其實自己也早已是其中一員），許多身體仍健壯，智慧及社會經驗更是極有價值，在他們辭世前，如果這幾乎已是一生的三分之一時間，只是「安度餘年」，實在是很可惜的資源浪費。

能有幸受到像雙連這樣照顧的人已是萬幸，比例上是少之又少，如何讓所有長者活得有意義、有價值，更是可以思考與規劃的。這個議題，希望也是我們在慶祝雙連這廿年的「青春」成就時，好好思考及規劃的未來挑戰。

推薦序

陪他（她）再走一哩路

黃勝雄醫師（前門諾醫院總執行長）

華人談到敬重老人的時候，常會引述西元前三百五十年，孟子和梁惠王的對話說：「老吾老以及人之老，幼吾幼以及人之幼」。這一個「理念」的後半部（幼吾幼以及人之幼），在雙連基督長老教會早就做到了，台灣現任的蔡總統就是早年雙連教會幼稚園的畢業生。至於敬重老人家，陪他（她）走完最後一哩路的（老吾老以及人之老）老人安養，就是今天我們要慶祝雙連安養中心成立二十週年的大紀事。

一八八九年，德國的鐵血宰相俾斯麥設立了第一個老人退休金的制度，原先設計七十歲才得以領退休金，當時德國人的平均餘命不到五十四歲，許多人都無法領到退休金，是二十七年後的一九一六年才改變為六十五歲。一九三五年後，歐美各國也都接續採用六十五歲為退休的制度。

二次世界大戰後，從一九五〇年，因著公共衛生的改善和醫藥的進步，使人類的平均餘命逐漸增加。聯合國大會從一九九一年開始注意世界人口的增長，一九九二年宣佈為人口老化之年（Proclamation on ageing），因為許多會員國家，六十五歲以上人口已達七％。後來在二〇〇二年的世界第二次人口會議，就訂一個國家有十四％的六十五歲以上人口為老化國家，而超過二十％為超老化國家（super-age society）。台灣於二〇一八年進入老化國家，相對的，照顧老人家也就變成了一個社會問題。

信心與愛心累積起來的安養機構

教會機構，尤其是深信聖經教導的信徒，對弱勢老人的照顧更為敏感。英國的長老教會，在一八六五年就不顧自己生命的安危，遠渡重洋來到台灣，他們把聖經的真理交代給台灣的長老教會。讓台灣教會的長老執事們，瞭解為耶穌多走一哩路的智慧；馬太福音五章四十一節說「有人強迫你走一哩路，你就與他一起走兩哩」……羅馬兵丁負重行軍，捍衛國家，可以要求你幫助分擔同行一哩路，但你甘願陪他多走一哩路。同樣地，在馬可福音十五章二十一節，古利奈人西門也勉強同去走苦路，好背著耶穌的十字架，減輕祂的受苦。多走一哩路的智慧，只有基督徒才會去做。一個孤單的教會要設立一個照顧老人的機構並不容易，他們沒有公務的預算，而將來住進的又是體弱退休的老人家，不說應付老人家的三長兩短，要去維持愛心和永續經營，都是極大的挑戰！雙連基督長老教會做到了！其中有許多參與的都是我敬佩的信仰先輩。我真的很高興向世界上的台灣人推薦，這是用信心和愛心累積起來的老人安養機構。

退休，最理想的天堂

我是退休的神經外科醫生，我的一生一半在國外，一半在台灣。當雙連長老教會在準備籌設老人安養院時，我還在花蓮的門諾醫院服務，也開始進行招募志工，去關心偏遠交通不便、無法回醫院複診的慢性病患。接著，我們也開始照顧散居在各鄉村部落的獨居老人，因為他們也常常是慢性病人。因為沒有足夠的信心，加上他們沒有子女在身邊，我們就以居家和在宅服務的型態，進行了「社區型的長期老人照顧」；服務的面向有送餐到家、居家沐浴、在宅復健、家庭訪視、改善居家無障礙空間、利用社區活動中心的文康活動、電話生命連線和復康巴士等等。感謝上主的祝福，二十三年了，這些服務已經延長到台東縣的長濱和成功鄉。

因為對兒孫的虧欠，目前我暫時居住在南加州的一個退休社區，這裡有兩百多位從台灣各地出生的早期留美博士家庭，各自獨立門戶，但同屬一個長老教會，常可相約在 Club House 查經或話仙。但是這次武漢病毒的疫情，不止要 social distancing，教會禮拜只能在自己的家視訊，連 Club House 也關了。我們這群退休的老翁婆都同聲感嘆，還是台灣三芝的雙連安養中心，是將來退休最理想的天堂！

目錄

148 第二部　翻轉老化刻板印象，閃耀溫暖和煦光輝——

出版緣起

回看二十——數算恩典、成為祝福

蔡政道主任牧師（財團法人臺灣基督長老教會雙連教會董事長）

雙連長老教會自一九一三年開拓牛埔庄講義所迄今，感謝上帝一路的看顧及帶領，讓教會從無到有，從有到豐盛。在上帝的引導下，讓我們先看到人的需要，並且回應神的呼召，開始委身在各樣的事工。

能夠把握機會來服事人群、服事社會是教會很大的恩典，也是教會存在的目的之一。靠著上帝我們也在服事的過程中不斷接受調整，最終才有了具體的規模與成果。以雙連安養中心來說，雖然雙連教會很早就開始松年長輩們的工作與關懷，但要成立住宿式照顧機構、投入人力來打造照護團隊，對教會來說仍是一大挑戰。最初所有的同工對此都一無所知，然而感謝上帝，我們都有機會被造就，從中去裝備、學習投入照護產業需要的知識與技術。

跟隨上帝帶領、回應呼召

上帝的帶領，從不是應許之後就馬上提供所有的供應，祂先給了我們異象，開始後有了願意投入的同工團隊，接著大家開始面對各樣的困難和挑戰：其中包括找了一百多塊土地才找到目前在三芝雙連安養中心的現址；好不容易完成各樣繁複的行政手續、完工落成後，不到一年就面臨象神颱風淹水的困境。

雖有困難，但上帝仍帶領我們去超越這些挑戰，像是藉著颱風讓安養中心知道要調整硬體設施的配置，也知道要在防止水患工作上做出更多的加強。除此之外，在大樓逐步施工的過程中，也趁機將中心內的活動動線作出調整，每樣的改變和改善都很讓人感動，因為能讓人看到長執們是願意接納各種聲音，也落實為實際的行動，一起打造一個好的照護環境；所有人的目標都是要服事長輩、服事需要被關懷照顧的族群。

走在長照產業的前端，拋磚引玉

回應雙連教會「讓人生命改變，不斷成長」、「讓人為主作夢，夢想成真」、「讓人彼此相愛，互相鼓勵」等多個核心異象，從安養中心成立至今的二十年間，即便同工團隊越來越龐大、進行決策的教會長執團也有數十人之多，但大家都還是願意花費許多時間，整合不同的想法，為了照顧、尊榮長輩的異象全力以赴。

看著越來越多的人投入中心服事，另一個對上帝的感謝則是祂為教會預備了夠用的人才，不論是芳文總顧問、明妙院長、事管會的長執、以及中心內的每位同工，大家的投入都成為事工的祝福。即便雙連能照顧的就是四百三十二位長者，然而在人口老化、少子化的世代，我們仍願藉著自己的有限，在長照產業中嘗試拋磚引玉，期盼更多人效法耶穌基督願意為人洗腳的心，更多投入在長照工作。

雙連教會一直以來就擔任教會各事業體最堅強的後盾，外界看來的經營成功並非是讓我們拿來誇耀的事蹟，上帝的心意是要透過各樣恩賜來彰顯祂的豐盛與同在。也因此我們將會持續在安養中心推動新的工作計畫，

蔡政道主任牧師認為雙連安養中心，是為尊榮長輩而存在

目前將要進行第四期員工宿舍的建築，希望能讓第一線照顧者有更好的生活品質，也藉著硬體設施的開拓，讓我們能有更多空間與資源得以運用。

全人照顧，老年生活充滿喜樂

台灣社會人口老化的挑戰會越來越嚴峻，在打造良好照護環境的同時，我也想用《聖經》的話語來勉勵長輩。保羅說：「雖然我們外在的軀體漸漸衰敗，我們內在的生命卻日日更新（林後四16）。」當身體走入老年，或許體能上沒辦法再做勞務的工作，但年長者的生命將是孩子們的祝福，阿公阿嬤們可以跟兒孫傳承自己的信仰與歷練，為他們禱告，這些對他人的貢獻，都是長輩們值得自我肯定的地方。

藉著《走過二十年的恩典足跡——雙連安養中心感恩文集》的出版，書中記下了長輩們在中心的生活。一個個不同的故事，不只讓人看到廿年來所有同仁的付出與貢獻，同時也讓人看到只要給予長輩們充足的全人照顧，老年生活同樣滿有喜樂、充實與意義。

出版前言

落實「愛與關懷」的教導——成為長照產業的活水

李詩禮長老（雙連教會安養中心小組委員會召集人）

雙連長老教會成立至今已邁入第一百零七年，教會最重要的使命就是宣揚耶穌基督救贖的福音，領人歸主，實現耶穌的命令：「你們要彼此相愛，像我愛你們一樣，這就是我的命令。」（約翰福音書十五章十二節）

帶著這樣的使命，雙連教會在宣教事工中，一直努力於如何將耶穌的愛化為實際的行動，教會成立初期，先成立了松年團契（前身為快樂老人會），透過聚會與活動，提供長者身心靈的照顧與關懷。三十年前，雙連教會進一步回應台灣基督長老教會總會的長者關懷異象，創辦「松年大學分校」，每年約有四百多位長者，藉著多元課程的學習，除了增長各種知識，更增添許多生活的樂趣。

讓耶穌的愛，成為具體行動

隨著事工經驗的累積，也回應台灣社會人口不斷老化的趨勢，教會著手規劃「雙連社會福利園區」的建置，並於一九九六年完成土地購置，在歷經三階段的興建及擴建工程，分別於二〇〇〇年、二〇〇三年、二〇一〇年落成啟用一至三期的四棟建物，打造能容納四百三十二位長輩，提供「多層級、連續性、在地老化」的雙連安養中心。

為了能讓各樣事工順利推行，雙連教會成立了數個事業單位，並分別推派長老及執事成立小組，協助事業單位的工作團隊，共同完成教會所擬定的事工計劃。在教會這樣的美好傳統下，每位信徒都能按著上帝所賦予不同的恩賜，回應各世代的社會需要，以更多元也更彈性的方式進行服事，忠誠地完成上帝所託付的任務，透過組織與階段性的規劃，讓參與的弟兄

李詩禮長老希望雙連安養中心，能夠讓長輩們得到足夠的愛與關懷

姊妹都能做好代代相傳承接的使命。

成為長照產業的活水

安養中心共有兩百多位同仁，組成跨專業照顧團隊。雙連教會設立安養中心並不以營利為目標，而是秉持耶穌基督的愛，做為服務長輩的核心價值。從院長到每位工作同仁，無不盡心盡力照顧所有的長者；而教會所推派的小組成員，則成為團隊最好的後盾，盡可能提供安養中心在不同專

業領域的協助，包括持續的進行硬體設備及軟體服務的更新，如近年與科技廠商合作，為雙連建置智慧型照護及安全系統。我們也持續看重長輩們的個人化貼心照顧，如為吞嚥困難的阿公阿嬤們研發能兼顧食物色香味，也能避免嗆咳的特色「定型餐」。各樣的改變與創新，都讓中心的服務內涵可以與時俱進、品質也因此不斷的提升。

此外，有鑑於國內長期照護人力的長期不足，安養中心從開始營運至今，陸續與近四十多所大專院校合作，提供老人照顧相關科系同學來中心進行實習、建教工讀或研究，以引導和實作鼓勵年輕人畢業後投入長照職場，期許能為長照產業持續注入人力的活水。

白髮，為年歲的冠冕

適逢雙連安養中心成立二十週年，透過《走過二十年的恩典足跡——雙連安養中心感恩文集》的出版，我們希望能將照顧長輩所累積的經驗與感動，以及許多長者感人的故事集結成書，一則作為中心階段性的歷史紀錄，二則也分享這些經驗與動人心弦的片段，讓相關產業及對長者照顧有興趣投入或了解的民眾，能產生更多正向的看見與意義。

《聖經》教導「白髮是榮耀的冠冕，在公義的道上，必能得著。」（箴言十六31）。走過二十個年頭，雙連安養中心也將不斷自我砥礪，繼續讓長輩們在此得到足夠的愛與關懷服務，並透過各種活動課程的提供，能過著充實又平安的生活，得以頤養晚年。

謙卑為人洗腳，在長期照顧工作上成為光鹽

——雙連安養中心簡史

台灣基督長老教會雙連教會於一九一三年設教，教會自創立起初就秉持著「傳揚耶穌基督福音、引人歸主」的精神，並積極關懷社會弱勢團體，舉辦慈善及育英等公益事業，為社會做光做鹽。

成為高齡社會中的亮光

眼見人口老化趨勢加劇，雙連教會為關懷長者，實踐「老吾老以及人之老」的理念，先於一九八八年起開辦社區松年大學，豐富課程內容吸引長輩們熱烈參與，也讓雙連教會更多地看見老人生活照顧的需要，遂自一九九三年起進一步推動打造綜合性福利園區，要以「多元化、多層級、

俊雄長老津津樂道雙連的購地歷程與經費籌措，充滿了恩賜

連續性」的照顧模式，規劃一處兼具安養照顧、輕度養護照顧、重度養護照顧、長期照顧、失智症單元式照顧、短期照顧、日間照顧，以及外展社區照顧關懷據點服務的機構。

一九九三年同時也是台灣老年人口達七％、正式邁入高齡化社會的重要關口。雙連安養中心前總顧問蔡芳文提到，「綜合性福利園區」即是現今雙連社會福利園區（雙連安養中心）的前身，「事工開始起初，教會先召開了核心同工研習營，也在營會中訂定短、中、長期目標。在有明確異象與計劃後，工作才算是真正的開始。」

雙連教會當時擔任事管會主委的郭俊雄長老補充，在開始打造綜合性福利園區前，雙連教會對於園區的規畫原本是供會友們使用的靈修營地，「但牧者與長執在開會討論時，考量到只作信仰使用的話，營地使用率有限，若要多加活用，則又牽涉到很多經營管理的問題，既然社會脈動不斷地在更新，我們就決定用更多元化的佈道策略，讓傳福音的工作有更活潑的呈現。」

在困難中，單純信靠

「得到長執會的認同之後，教會內的事業管理委員會就開始積極找地，當時會友們知道這個消息後，也紛紛熱心的提供我們相關的土地資訊。」蔡芳文、郭俊雄回憶，當時尋覓了上百塊土地，找到雙連安養中心的現址時，已經是第一〇三塊土地勘查，「一路從台北市、新北市區找到

對於檔案都有詳細記錄，讓芳文前總顧問能很清楚的敘述雙連的建造歷史

三芝這邊。當時是我們看完其他土地後回程，湊巧看到一塊出售廣告，寫著『一坪地三萬元，共一萬一千四百三十八坪』還附上聯絡電話。」

購地小組聯絡之後前往會勘，看到建地地面平整、有山有水，也剛好坐落於路邊，蔡芳文說當時看過之後，同工們認為「就是這裡了！」。然而時逢林肯大郡倒塌意外，讓政府對於山坡旁的建築案持相當保留的態度，「一則是需要做地目變更，二則是要拿到建築

彭德貴牧師提到，事工開始之初，同工們先是從多家照顧機構的觀摩開始學習

建造許可證。在許多不確定的因素下，我們在與地主簽立售地合約時，但書還附註了若無法在一年內變更地目，那麼此筆合約就取消，地主也要將訂金退回。」

「為了讓地目能正確地變更為『特定目的事業用地』，也為了往後的興建工程所需，我們就將相關的五十一項法規悉數蒐集與研讀；當時文件電子化工作尚未開始，所有資料都只有紙本檔案可以參考，我們也就一一去相關單位申請。」

發揮耶穌為門徒洗腳的精神

「很感謝神的，因著我們是從信仰出發，希望這個事工可以發揮耶穌為門徒洗腳的精神、成為他人的祝福。因此在不偏離信仰精神、又有充分的準備下，這些前置作業很順利的於一年內如期完成。」

事工初期，除了需有適當的建築用地，另一個挑戰則是資金與人才的問題。蔡芳文表示，目前雙連社會福利園區內的四棟建築是陸續落成的，然而光是打造第一期建築的資金就高達五億之多，「這麼多的款項雙連教會當然沒有足夠存款，所幸教會內匯集了不同專業領域的弟兄姊妹，大家就集思廣益，然後想到可以透過合法的節稅管道，將雙連教會附屬單位的盈餘作為建築款項，不過這麼做的風險則是若未按照承諾運用資金，政府則會收取稅金的兩倍作為懲罰。」

「另一個把握住的機會，則是公部門提供的『內政部加強推展社會福利獎助』，相關獎助辦法我們本來也都不懂，原先預計是無法通過，但在教會會友協助動員人脈資源，我們也很積極和承辦人員聯繫溝通下，如願拿到獎勵金，讓園區能正式招標動工，而且依照規定，開工後還可以再有一筆補助款，得到的金額也剛好足夠採買內部需要的傢俱與照顧設備。」

謙卑學習、累積經驗

買好地，也獲得建築許可後，一九九八年四月園區正式動土開工。時任雙連教會主任牧師的彭德貴牧師說，「在台灣，最早的安養事工是由天主教開始推動，因為一開始什麼都不懂，就從機構的觀摩起頭。」

郭俊雄說，事工小組們從北到南共參訪了十五家機構，並前往日本考察八家養老機構，「我們藉此在照顧模式上學習到很多，也觀察到傳統養護機構的不足。」早先養護機構多半只是最低限度的，提供長輩們一個可以居住的空間，然而在照明、通風、活動需求上都沒有足夠的安排，「老人家們很需要陽光、需要運動，而不只是提供室內照明與起居。還有若是通風不足，室內通常會有很不好的味道，長期來看也對健康會有很負面的

建賢長老拿出老照片，展示第一期建築完成時的中心樣貌

影響。」

曾任事管會主委的雙連教會吳建賢長老表示，日本有不少很棒的老年公寓，「長輩們的住房基本上都是單人套房，院內還會有交誼廳、沙發、教室等設施，讓人可以不只是關在房間裡虛度時間。」

「這種範例和在台灣看到的傳統機構有了兩極化的對比，這也讓我們以好的典範，來對雙連安養中心的外觀與內裝作出很多的討論。」

蔡芳文、吳建賢說明，日

本觀摩後，事工小組原先想做的是高級的老人公寓，「除了做出很豪華的設計外，我們也曾想在樓地板面積、樓層數等項目進行變更。但我們更快的看到，把安養中心蓋成像飯店那樣也是不恰當的，加上我們向政府請領了補助，也必須對有養護照顧需求的長輩有所負擔，因此在最先完成的一期建築中，設計了可讓一百九十七人居住的空間，扣除職員宿舍外，其中有二十八床是可以自理的長輩，另外一百五十四床則是有養護照顧的需求。」

從挫折中，學到寶貴一課

一九九九年十月，第一期建築完工後中心開始試營運宣傳，因著同工們積極到各教會進行事工報告，長者們陸續登記前來安養中心入住。吳建賢提到，眼看一切順利，第一期建築就在二〇〇〇年三月五日正式啟用，「然而，誰都沒想到的，同年十月底象神颱風肆虐，讓我們建築的地下室成了儲水池，所有剛啟用的機電設備因此悉數泡湯。」

連力主任談到中心落成初期的那場水災，雖有損失，卻從中學到寶貴經驗

雙連安養中心前總務主任吳連力表示，自建築動工起，事工小組就持續監督工程品質，「只是大家真的都沒想到，颱風會帶來這麼大的損壞。」

「據氣象局預報，原先估計颱風只是會從外海經過而已。颱風警報發布後，一開始風速不大、只是雨量稍微多了些，那時我們想說『雖然中心只離海邊一百公尺而已，但應該不會淹水啦！』吃完晚餐後，當時的蔡芳文主任跟我們說聲多注意些，大家就先在辦公室輪班待命，沒想到大概晚間八點左右，大水突然一口氣就灌進屋內，完全來不及做任何預防。」

淹水後，同工們先是向蔡主任通報消息，吳連力說，「主任當時住在北投，但因為從淡水來三芝的路段已經全部淹水了，他就想辦法繞上一大圈還是趕回來中心指揮。」

以自然為師，不斷成長

吳連力表示，因著施工期間與機電包商維持良好合作關係，知道淹水意外發生後，包商也全力幫忙接通臨時電力、調配抽水機供中心使用，「淹水足足處理了兩天，到了第二天傍晚我們才有辦法進到地下室恢復場地。」

「後來同工們用了一個月的時間重新裝潢，這些經驗對中心而言是個慘痛但寶貴的教育，讓我們體會對於環境不夠熟悉的危險，也體悟到極端氣候可能帶來的損害，這讓我們預防性的對周遭堤防做了兩次的加高工作。」

以自然為師、不斷成長，讓中心免去再一次的洪水氾濫。吳連力印象深刻，「那天是二〇一七年六月一日，在梅雨鋒面來襲下，三芝地區在十小時內狂灌了六百毫米的雨量，我們的堤防只剩八十公分就會滿水潰堤。若是淹水，在四棟建築物都完工的情況之下，災情將會是當初的三倍之多。」

雙連社會福利園區於二〇〇三年擴建安養區一百八十四床，又於二〇一〇年擴建多功能可容納五百八十人的禮拜堂暨失智症照顧專區六十六床，同時也展開老人服務照顧模式相關議題的研究。

在空間安排上，園區內有三五%作為私人空間，有高達六五%的公共空間可供長輩們進行各種活動使用。針對硬體規劃，蔡芳文說明，「我們在設計時將房間挑高，也強調每道牆都要有自然採光，這樣才符合宜居空間的標準。」

「在室外，地勢平整是我們很看重的，這樣在長輩的行動上才能確保安全。而我們也在景觀設計上多加用心，對應不同時節都會有植物是開花的狀態，這樣不只在視覺上能常年青翠，也一直都會有花朵的色彩讓視覺看起來更宜人且熱鬧。」

持續發光、照亮遠方

隨著台灣已於二〇一八年邁入高齡社會，下一個挑戰將是「超高齡社會」之際，雙連安養中心更加認定，將足夠照顧資源投注在長者身上，成為責無旁貸的重要使命。對此吳建賢回應，「曾有集團董座問我們，為什麼要把大量資金挹注在生命已走到遲暮時分的老人身上？但雙連看到，藉著在日常中提供長輩服務，我們也有更多的機會認識他們的家屬，若以一位長輩會對子女、兒孫產生至少兩代的影響力，那麼我們實際服務與接觸的人數就遠超過表定可入住的人數。不止每年都有長輩願意受洗，連帶也有他們的家屬因著我們而有生命的改變。」

郭俊雄則說，雙連教會、雙連安養中心的同工們，從對此一無所知也一無所有的開始投入，直到今日成為台灣首屈一指的照顧機構，「從中不止見證到恩典滿滿，也讓人深深體會到上帝願意用很平凡的人來做不平凡的事，只要有一顆『願意即順服的心』，祂會讓一切不可能發生的，成為可能並成就它。」

「在長者照顧的事工上，我們就像一群燈塔的看守人，雖然亮光總是有限的，但只要願意持續發光，就能夠一直照亮遠方。」

第一部

一個讓長輩「老有所終、子女安心」的家

台灣正逢人口老化、少子化的世代，為了將信仰的使命化為愛的具體行動，雙連教會投入老人關懷的事工，創設了提供「多層級、連續性」照顧服務，並實現「在地老化」目標的雙連安養中心。本單元透過安養中心的多元專業團隊，在照顧現場所得的深刻體會與積累經驗，分享如何以全人照顧的理念、為人洗腳的精神，協助長輩的晚年生活依舊充滿喜樂與意義，更希望藉此拋磚引玉，期盼更多人願意投入而成為長照領域的活水。

傾聽理解長輩心思

——整全靈性照顧，讓生命得尊榮

《聖經．詩篇》中有段內容提到，「他們年老的時候仍要結果子，要滿了汁漿而常發青。」在雙連安養中心居住的長輩們，多半經過台灣社會最辛苦的時代，也共同經歷並見證台灣創造的經濟奇蹟。

約信牧師說：「牧養工作，就是要看到長輩生命中超越外在成就和財富的價值，進而讓他們重新發現生命意義，知道自己的生命是備受祝福與尊榮。」

在安養中心，尊榮長輩的方式，除了在食衣住行育樂醫療層面皆提供完善的服務外，對於長輩們心理和靈性的照料，同樣也針對個人需求，提供了多元化的支持與幫助。

雙連長老教會三芝分堂關懷牧師戴約信提到，「看待長者，要明白個體老化是一個整體的過程，會伴隨生理、心理、社會與心靈層面的變化，因此需要各種不同專業背景的人一起來協助。在中心，團隊間會彼此互補，為長輩們提供完整的全人關顧。」

提供長輩，完整靈性照顧

「以中心的長輩來看，八十歲似乎成了一個門檻。我們觀察到，經過生活中的各種歷練後，不論是阿公或阿嬤，七十歲之前他們都是以『年』為單位來過日子，對於每件事情都能看得開、也很享受剛退休的日子。但是到了八十歲，許多人會因為生理退化產生許多限制，連帶也開始有了情緒憂鬱的問題。這時候團隊所做的，就是幫助他們重新平衡步調，也幫助他們找到靈性健康，來面對心理孤單或無助的晚年時光。」

「例如曾有一位新竹阿嬤，很擔心兩個女兒的生活，因為一位是在

戴牧師笑著說：長輩其實很像小孩，需要很多的關心與照顧

基隆開店賣雨衣，另一位則是在新竹的米粉製造商。在阿嬤眼中，只要雨天就擔心在新竹的大女婿及女兒沒有辦法曬米粉；若是出太陽又擔心小女婿及女兒的雨衣賣不出去，所以不論天氣如何都有事情要煩惱。此時牧者就要試著引導阿嬤反向思考，去看到不論是晴是雨都會有一位女兒的生意很不錯，要學習為她們好的事情感恩，小孩都長大了，總有辦法可以面對自己生活上的壓力。」

引導適應新生活

除了長輩們普遍持續為子孫們的家庭、身體、經濟變化等議題有著諸多煩惱外，關懷團隊也發現，「其實多數長輩來到雙連之前，都是和自己的家人同住。因為不同理由，有些長者自願選擇入住雙連，享受安養中心的一切生活；然而，也有些長者是經由他人安排入住的，在剛搬進安養中心時心情會很不穩定，覺得自己被嫌棄或拋棄。這時候團隊要做的，就是積極的降低長輩們所感受到的情緒影響。」

「相對的，如果是自己決定要來住安養中心，不論是阿公或阿嬤，大概都可以在幾天內就認識左右厝邊，開始和大家有說有笑、打成一片。我們注意到，長輩若一直陷入情緒低落的狀態，就有可能住了大半年，還是只願意待在房間。這時我們除了加強探望長輩，也會透過談天鼓勵長輩，『要想說就是退休之後，好像又回學校來讀書和住宿，中心有很多元的終身學習課程可以參加，也有很多同學一起學習，就當做和大家一起過團體生活啊！』認識新的朋友，生活就會多采多姿。」

「和長輩相處久了，就會發現他們的心思其實和小孩子一樣，需要不斷給他們安慰和鼓勵，會生氣、不高興的時候則是等著要別人去安撫他。能掌握到阿公阿嬤的個性和期待，也看到他們在各種心情背後的想法，就可以和他們像朋友一樣建立友誼，有很好的關係與互動。」

重新找到個人生命價值

戴牧師與同工在牧養過程中也看到，走過入住初期可能有的負面情緒、既有社會關係的疏離，以及在面對生命最後一哩路的課題上，同樣成為許多長輩內心的困擾。

「多數長輩在入住雙連之前，他們在工作上、在家庭中多半扮演著重要的角色，每天有很多事情忙，也有許多重大決定得要進行。然而進入安養中心之後，不少長輩會覺得，過去叱吒風雲的影響力似乎消失了，會覺得自己很沒用，眼前的生命情境就只是日復一日的打發時間過日子。

有長者開玩笑的說自己是四等公民：等天亮、等吃飯、等孩子、等晚上天黑。」

「隨著年紀，層出不窮的病痛也讓人變得脆弱。像之前我們關懷一位阿公，他以前是醫師，還曾經當過醫院院長，當年老生病後不只長者內心受到打擊，連他的太太看到丈夫在受苦也覺得非常捨不得。」

對於長輩們面臨的獨特困境，戴牧師提醒大家，「《聖經．詩篇》中有段內容提到『他們年老的時候仍要結果子，要滿了汁漿而常發青。』從這段經文中可以看到，隨著人的衰老，他們結出的果子雖會變少，但還是擁有結出飽滿果實的能力。」

「在雙連，關懷同工們會尊重長輩的原有信仰，但也引導他們換個想法，從感恩過去、珍惜現在開始，再一次站穩腳步、面對年老時的新生活與新挑戰。其實長輩們的心思都很沉穩老練，只要從旁協助給予足夠的歸屬感與安全感，讓他們知道有問題的時候，幫助的人都在身邊，老人家就能用智慧的態度來面對周圍環境的變化。」

隨時在長輩旁邊給予足夠的歸屬感與安全感，就是最好的關懷

透過傾聽與對話來為長者舒緩壓力的同時，安養中心的靈性關懷團隊也進一步舉辦「銀髮幸福小組」，讓長輩互相成為幫助。「讓長者照顧長者，除了能讓他們彼此認識、成為朋友，這樣的做法也很實際讓長者發覺自己，還是有幫助人的能力，進而重拾過往的自信，不再覺得自己一無是處。」

「目前入住的長輩，多半經過台灣社會最辛苦的時代，他們從艱辛中走出，然後共同經歷並見證台灣創造的經濟奇蹟，每個人的生命因此都是滿有潛力與富足的。」

「所謂的富足，不單指物質上得到足夠的報償、工作事業滿有恩典，而是長輩們可以在缺乏的年代累積豐富的智慧，那才是超越外在成就和財富的價值。看見生命中的內在珍寶，心中享有平安喜樂，這也正是信仰中最得祝福與尊榮的老年生命。」

在生命的變化中，陪他走上一段

──始終如一的全人照顧

雙連安養中心不只在生理、心理及生活起居上，給予長者最好的照顧，看重「連續性、整合性」的服務，也讓照顧團隊願意用全人關懷的眼光，陪伴長輩與家屬。

回顧各樣照顧歷程，美玲主任、菊英護理長提到，「各種景況中的協助與陪伴，也讓我們從長輩和家屬們的身上學到了很多；知道怎麼去照顧人，也看到自己還需要被裝備的地方。這讓我們的生命能看得更遠也更廣，知道照顧工作中所做的一小步，都是讓有需要的人能往前跨出一大步。」

在長期陪伴、照顧阿公阿嬤們的服務中，照顧者多半會看到長輩們經歷了生理機能逐漸衰退的過程。有些老人家變得虛弱，得靠醫療來改善健康情況，也有些人則是面臨失智的問題，逐漸走進了遺忘的世界。

對此，在中心服務了十五年以上的照護處古美玲主任、楊菊英護理長分享心路歷程：「每一次看到長輩們衰退的過程，內心不免都覺得有些感傷，但這也為照顧工作帶來許多省思，透過團隊間不斷的討論和改善，讓長輩們到終老前都能活得快樂、擁有良好的生命品質。」

以長者為尊

「在輕養區的階段，最能察覺到長輩們的身心變化。像是有一位婆婆，剛搬到這裡的時候還蠻健康的，生活都能自理，待人也很和氣。直到有天開始，她常常來向我們抱怨，放在房間裡面的物品被偷走了，包括茶葉、保養品、漂白水等都慢慢不翼而飛，認為一定是很瞭解她生活作息的人所為，覺得清潔阿姨的嫌疑最大。」

看著婆婆在態度和性格上的轉變，菊英護理長先是安撫長輩的情緒，也請工務同仁多次為婆婆更換門鎖，「雖然從專業上來看，我們明白可能是失智症改變了婆婆的認知功能；但從婆婆的感受來看，面對自己的退化，她的內心一定覺得非常失落與焦慮，才會認為有東西被偷走了，對生活沒有安全感。」

「雖然換位思考並不容易，然而『以長者為尊』卻是中心一直以來不變的堅持。每位工作夥伴都有不同項目的職掌，所以雙連會透過持續的教育訓練，也在每次的交班中反覆叮嚀，讓大家對於照顧長輩擁有合一的目標和理念。」

家屬與專業團隊的整全照顧

中心的照顧理念，不只是看重每位長輩的意見與需要，更會積極的針對需求，為長者們安排最適合的起居環境。美玲主任提到，有時長者們的許多病痛，起因不見得是單純的生理問題，而是因為感到失去其他人的支持與陪伴，在心境孤單下，連帶引發許多的不適。

「之前有一位奶奶，大概住了一個禮拜之後就一直吵著要回家。奶奶總說自己的孩子非常優秀，但就是工作太忙了，沒辦法照顧她、陪她聊天，才會選擇把她放在安養院，很久才來探望一次。」

「這位奶奶每天用過晚餐後，都會推著助行器散步，但只要經過護

美玲主任提到，家屬的建議也是很好的照顧參考

理站，一定會在我們面前假裝跌倒，同時說她的肚子很痛。只要我們請照服員陪奶奶回房間，幫她量個心跳、血壓，多和她聊上兩句，很快她就說肚子不痛了、身體好上許多。」

美玲主任提到，像這位奶奶的案例其實很常發生。很多阿公或阿嬤，都會選擇用最直接的方式來吸引他人的注意，希望生活中可以得到更多

菊英護理長說，我們會為長輩們的身心變化找到最好的照顧方案

陪伴。「就像有一位阿公也是，起初是家人硬帶他來到雙連。入住那天阿公還在電梯裡僵持許久，堅持要和家人一起回去，最後雖然勉強住了下來，但就有比較長的適應期。」

無可取代的支持性角色

「面對這樣的問題，照顧團隊除了會多加關心長輩之外，我們也會再多和家屬們聊聊，把家人一起納入長輩的照顧團隊中，因為兒女、子孫能帶來的支持性角色是無法取代的，這是很重要的一環，而每位長輩的家人們多半也都很樂意參與協助。」

菊英護理長接著說，「隨著長輩們的身心變化，我們會視情況建議將長輩轉到養護區或失智專區，希望讓他們得到更適合的照顧。但有些時候家屬們聽到這樣的建議會大吃一驚，直說『爸爸（媽媽）之前看起來都很好啊，我覺得應該還不需要吧。』這時我們除了會再評估之外，也會邀請家屬前來與護理、照服、社工、復健等同仁，一起進行跨專業團隊討論。一方面，雙連的照顧團隊可以說明，建議長者轉換照顧模式的角度，二方面則是和家屬、長輩互相協調，找到對長者最好的方案。」

「印象蠻深刻，有一次建議一位長輩轉區，我們和家屬進行了數個月的長時間溝通。這種磨合一定會有的，但因著我們的動機都是從長輩需求的角度評估，希望他們在安養中心有更適切的照顧，生活上也更加安全，家屬多半都願意接受我們的建議。」

始終如一的關懷與陪伴

雙連不只在生理、心理及生活起居上給予長者最好的照顧，看重「連續性、整合性」的服務，也讓照顧團隊願意始終如一地陪伴長輩與家屬，一起走過生命的最後階段。

「我們每年都會做安寧臨終關懷的訓練。」美玲主任、菊英護理長提到，每個人都不免會走過健康、衰退、失能、臥床這幾階段的生命歷程，在不同階段中，人們的身心狀況隨之也有各種轉變；藉著適當的陪伴與

美玲主任（左）與菊英護理長等同仁間彼此幫助，有著像家人般的好感情

引導，將能有效的幫助人放下對於未知景況的害怕恐懼。

「例如有一對夫妻在退休後決定來雙連享受人生，到了他們年紀很大的時候，有一天，爺爺發覺奶奶越來越喘不過氣來。我們知道這樣的情況後，就一起到房間關心，察覺奶奶開始出現臨終階段的徵象。這時我們除了會關心爺爺的感受，也會進一步瞭解爺爺的想法，知道他希望老伴能安詳的離開，不要再受太多的折騰，就和家醫科醫師討論，只用最基本的藥物舒緩，讓奶奶在離世前還是能過得舒適。」

「長時間與長輩相處，其實都有感情了。看到他們的離開，內心當然也會覺得很不捨，但我們都會教導同仁，如何適當處理表達自己的情緒，並且成為臨終者與家屬的支持。如果長者是基督徒，我們就會在旁邊讀聖經、唱詩歌給他聽；如果是其他宗教信仰，也會尊重或依照家屬們的決定，提供相對應的資源並在旁關懷。」

「各種景況中的協助與陪伴，也讓我們從長輩和家屬們的身上學到了很多；知道怎麼去照顧人，也看到自己還需要被裝備的地方。這讓我們的生命能看得更遠也更廣，知道照顧工作中所做的一小步，都是讓有需要的人能往前跨出一大步。」

打造穩定環境，讓雙連成為第二個家

——失智症長輩的安心居所

雙連安養中心希望讓「失智症照顧專區」，成為長輩記憶中的第二個家。專區內營造穩定的環境、固定的作息時間，再加上許多的活動課程，為長輩們打造充實平穩的生活。

佳樺護理長說：「我們會儘量安排有相似背景的長輩住在同一個小家（單元），藉著在生活中慢慢熟識，長輩不只願意在這裡安心住下來，也開始產生了有趣的友誼，成為一家人。」

當長輩罹患失智症後，或許已經無法記得日常生活的點滴，也無法如從前般適切表達自己內心的喜怒哀樂，因此對子女們來說，更會希望父母可以在穩定舒適的環境中安享晚年。雙連看見失智症長輩們的困境與需求，以及子女們的期待，特別在中心內設立了「失智症照顧專區」，不僅要讓長輩們過得舒適，也希望透過良好的照顧環境，來提升長輩的生活品質，並延緩失智症的退化。

專業失智照顧、延緩退化

失智症照顧專區護理長李佳樺介紹，「失智症患者在初期階段，可能只是比較容易忘東忘西、講話表達有時會覺得沒有邏輯而已。但隨著病程的變化，不只產生認知障礙，連帶在行為、情緒、個性等層面，都可能會有很大的改變。例如常常會日夜顛倒，在晚上的時候到處遊走，這時若是孩子們沒辦法在身邊照顧，或是家人沒辦法理解長輩的疾病情況，對於家屬與長輩來說，就會是很折騰、很辛苦的相處過程。」

佳樺護理長也觀察到，即便家屬們有心照顧，但因著失智長輩需要的是全天候協助，加上病情多樣化，「隨著長輩發病的時間越久，家屬們就越容易感到身心俱疲。」

「在雙連的失智症照顧專區中，可以照顧六十六位長輩。我們會透過穩定的環境營造、固定的作息時間，再加上許多的活動課程，讓長輩們可以很有次序且充實的生活，這對他們的特殊行為改善有很大幫助。」

主動發現問題、積極解決

提供給失智症長者的活動，會由中心內的跨專業團隊（包括復健師、社工師、照服員等）共同設計，包括肢體活動、音樂活動、藝術創作、認知活動、復健活動等，「我們瞭解長輩在參加活動時，所面臨的難處，所以這些活動的進行速度，會依照參與長輩的狀況而彈性調整，這樣才能引導他們足夠的投入活動中。」

在活動進行時，護理師與照服同仁的角色，除了確保長輩們有任何需要時我們可以立刻協助，另一方面也會藉此觀察評估，他們的認知、情緒、行動能力和人際互動等，這些都是團隊同仁藉以共同討論並調整照顧方式的寶貴資訊。

因著許多長輩們已經無法主動或明確合宜表達與反應需求，對照顧團隊來說，更加積極、仔細的觀察，就成為工作的重點之一。「有時候我們會發現某些長輩的活動力突然變差，這時我們就會先從生活細節中開始抽絲剝繭。最基本的是先確定，長輩沒有身體不舒服，接著會去瞭解：『是因為沒睡飽想睡嗎？』、『昨天有沒有太晚睡？』、『還是這個活動剛好沒辦法吸引長輩的注意力？』、『最近在吃的藥會不會有嗜睡的副作用？』」

「有一次同仁發現一位長輩看起來精神不濟，反應變遲鈍，護理人員進一步關心，發現他正呈現發燒的狀態，再進一步仔細的觀察評估，才發現原來長輩疑似有泌尿道感染現象，就趕快就醫治療。」

瞭解行為背後真正的原因

「陪伴失智症長輩過程中，經常都會看到他們的行為與需求產生變

佳樺護理長在工作中發現，要瞭解失智症長輩的生活背景與生命歷程，才能在他們躁動時更有效安撫

化，對我們來說，這些變化就是需要處理的挑戰。最常見的就是長輩們常常會吵著要回家，而他們所呈現的方式，往往代表著他們在當下對事情的連結與詮釋。像有一位長輩剛來時，下午四點一到，就會去反覆的拍打電梯門，後來我們瞭解到，因為他之前每天到日照中心上課，下午四點就會搭電梯坐交通車回家。所以對這位長輩來說，下午四點鐘搭上電梯，就等於是要回家了！」

面對長輩的舉動，佳樺護

理長提到，如果沒有用他們能接受理解的話語來安撫，長輩通常會抗拒或很快的又重複同樣的行為。「既然知道他的行為原因是想搭車回家了，我們就會先順應長輩說，『再坐一下，因為你要搭的車是下一班，現在就去等車太早啦。』然後再轉移長輩的注意力焦點，就能比較有效的和緩當下執拗的情緒。」

「這裡，就是我的家」

團隊也發現，要讓長輩能真正的安定下來，很大的重點在於要讓他們覺得現在住的地方就是自己的家。「我們在專區內設置七個單元，每個單元就像是一個家庭的環境設計，有九至十位長輩住在一起，每個單元都搭配固定的照服員來提供二十四小時的生活照顧及陪伴。」

「我們會儘量安排有相似背景的長輩住在一起，譬如說可能都是從軍人退伍的爺爺、外省籍的奶奶，或是年輕時都曾經務農。相同的生活經驗會讓他們彼此有話聊，加上每天一起用餐、一起活動，雖然失智症看似會讓人記不住新事物，但我們發現，時間一久，長輩都還是記得大家的聲音或身形，知道周邊同伴都如同家人，就會安心住下來。」

藉著在生活中慢慢熟識，佳樺護理長與其他護理、照服同仁們也看到長輩間產生了有趣的友誼。「遠遠看，你會以為就是兩位長輩在聊天，但如果仔細聽，兩個人的對話答非所問、雞同鴨講，但仍可持續進行著。

提到失智長輩間看似尋常，實則無俚頭的對話，佳樺護理長笑著提到很多可愛的例子

就像一個人說米很好吃，另一個人說下午要去田裡種花，前兩天生意不錯……，倆人都聊得很愉快！」

「但有時候長輩間也會對談話的內容莫名認真。就像有長輩聽見另一位同伴說『我沒有車錢可以回家』，他竟然馬上跑回房間去拿了錢（團隊準備的玩具鈔票）塞給對方，跟他說『快點、快點，這一點錢，應該足夠了！您趕快搭車回家吧。』」

佳樺護理長認為，六十六位長輩代表的，就是六十六個不同的人生故事，而這些寶貴的故事都值得照顧團隊一一的去認識與熟悉，「要建立關係，不只記住長輩的名字，更要瞭解他們過去的生活背景及人生經歷，對我們來說，也就是更多照顧經驗的累積，以及不斷學習的過程。」

以愛出發
——照服員耐心聆聽、察覺需求

替每位長輩都帶來身心靈全方位的照顧，一直是雙連安養中心最看重的核心價值之一。

談到照顧長輩的要訣，秀英專員說：「聖經中有記載，做在最微小的人身上，就是做在耶穌的身上。在雙連，我們覺得以『愛』出發，能有隨時帶著笑容、帶著善意的態度，來面對長者才是最重要的事。」

關於長者照顧，照服專員管秀英提到：「在中心，每位長者都依照他們的健康狀況居住在不同的區域。生活可以自理的長輩住在安養區，需要旁人協助照顧的長輩住在養護區；若是診斷有失智症，沒辦法照顧自己的長輩則是住在失智專區。」

秀英專員說，其實長輩要的不多，只要一個簡單的安撫和微笑，就能讓他們開心

在第一線的聆聽與察覺需求

「如果想要替每位長輩都帶來身心靈全方位的照顧，一個人能做到的事情非常有限。但在雙連，我們透過團隊來完成這項任務，包括照服員、社工、營養師、護理師、物理治療師、職能治療師、牧師、廚師、行政庶務……等不同的專業，一起來做好這件事。我們也都從中不斷調整，學習彼此溝通與尊重，好讓團隊工作能

順利的運行。」

「每個照顧區內的服務內容都不太一樣，且每位長輩的需求也都是獨一無二的，所以身為在第一線接觸爺爺奶奶們的照服員，有耐心、願意傾聽每個人的聲音，就成為工作中不可或缺的基本功。而在聆聽每位長輩心聲的同時，也要有很好的敏銳度，能夠積極發現長輩沒有說出來的需要，再照會相關專業的同仁，讓需求可以更迅速且有效的被滿足。」

秀英專員說，其實老人家要的不多，有時只要一個簡單的安撫和笑容，就能夠讓他們感到很開心。相對的，長輩們容易被取悅的同時，他們的心思其實也非常細膩，對於外界的不耐煩或生氣，也能很快的察覺。

「例如我們曾照顧一位總是很客氣，說話條理分明的爺爺。有次爺爺不小心失禁，讓身上都沾滿了排泄物，我們在幫他清理的過程中，爺爺神情愧疚，不斷說『抱歉、抱歉啊，真的很不好意思。』我們聽了反而覺得很心疼，只能不斷的回應他，要他放寬心、不用覺得抱歉。聽我們說了好幾次後，爺爺才終於放下內心的不安。」

耐心與細心的照顧哲學

「如果是照顧失智專區的長輩，因為他們多半沒辦法順利地表達自己的狀況，所以照服員在工作時就需要更加注意留心他們的活動。我記得之前有一位長輩，每次大家在用餐的時候都躲到一邊不敢和大家一起吃飯，深入瞭解原因後，才知道長輩認為吃飯要付費，但他沒錢可以支付，就乾脆躲到一邊看別人吃，這時就需要照服員不斷的解釋和鼓勵，用餐是免費的，要放心來享用三餐。」

「像是遇到禮拜天的時候，若長輩是基督徒，我們就都會帶他們到禮拜堂做禮拜，這時我們雖然會一起陪伴參加，但在禮拜的同時，每位同仁也都在留心長輩們的狀況，假如有長輩的身體很久都沒有動作，或是頭突然垂下來，就會到旁邊去關心一下。若是太累了打瞌睡那沒關係，只怕是突然身體不舒服。以前真的遇過一次，我們發現有位長輩不對勁，靠近叫他幾次也沒反應，幾位同仁就在不驚動其他人的前提下，迅速帶長輩就醫。」

「擔任照服員雖然很累，其實也是一件很喜悅、很有成就感的事。」秀英專員表示，每位長輩在入住前，中心的服務團隊都會先透過請家屬們填寫長輩及家庭的相關資訊，也透過會談來對每位長輩有更多的認識。多方資料的蒐集建檔，不只能瞭解長輩的個性，也能更清楚的知道長輩所需要的照顧。

團隊工作、彼此分工

中心目前有九十多位照服員輪班進行照顧長輩的工作，「每位照服員當班的時候要同時兼顧多位長輩，為了讓長輩所得到的照顧不因人員輪班有所落差，每位照服員都會做筆記，也會在輪替時進行交班；而且我們是讓好幾組的照服員一起交班，這樣大家都會聽到其他夥伴負責的長輩狀況，若是有需要的時候，彼此間也能成為很好的提醒或支援。」

「也為了讓出錯的機會降到最低，對於住在養護區的長輩，我們會每隔一天輪番進行『大交班』及『床邊交班』。大交班的時候護理師會跟著照服員去看過每一位長輩狀況並討論，這麼做除了要更認識長輩的需求外，重要的是也在互動過程中建立更好的共事關係。」

「如果在工作中有了不同的看法，也會互相討論，或請團隊的主管加入一起協調。像是以前還在第一線服務的時候，我曾面對一位不良於行的長輩，他其實可以走，只是走得不好，然後就更不喜歡活動。我覺得應該讓他多練習走路，但護理師怕他會跌倒，對此就有比較多的考量；這時我就請護理師先讓我試試看，我用工作中零碎的時間陪長輩練習，讓長輩在安全的情況下多一些活動的機會。」

做在最微小的人身上

面對日漸擴增的長照需求，秀英專員提到，除了照服員的陣容越來越龐大之外，雙連也很鼓勵同工進修，更會定期為照服員舉辦教育訓練以增進職能。

「長輩們各自有不同的照顧需求，因此照服員也得要有很多不同的知識。光是包尿布，其實就有很多種不同的包法；若要協助長輩們移動與上下床，自然也會有很多不同的技巧，如果一直都是用蠻力來做，不只被移動的人會受傷，連帶照顧的人也會有身體的傷害。」

談到照顧，秀英專員笑著說，最重要的秘訣是「愛」

「對於剛加入的新人，我們會用比較長的時間來訓練他能在工作上獨當一面。不只是要有足夠的照顧技巧，也要在照顧模式與流程都熟悉之後，才會試著讓他獨立作業。」

「不過說真的，照顧技巧都是可以慢慢訓練的，但更重要的是『心意』和『態度』。聖經中有記載，做在最微小的人身上，就是做在耶穌的身上。在雙連安養中心，我們覺得以『愛』出發，能有隨時帶著笑容、帶著善意的態度，來面對長者才是最重要的事。」

以「開心」為初衷的照顧

——提供生活期待、找回既有能力

「不要想說照顧長輩就只是讓他吃得白白胖胖的、少上醫院就及格了，還要跟他們有足夠的互動與心靈交流。」

惟烈照服員愉快地表示，「因著在雙連的工作，我體悟到照顧人需要用心，有心才能建立起實在的關係和感情，才能樂在工作。這種氛圍不只是會改變自己，同樣也讓長輩們的生活品質有很大的提升改善。」

照顧，是一門與「人」息息相關的課題，如何讓照顧者與被照顧的人都能保持愉快的心境，則需透過建立關係、彼此調適後點滴累積而來。

在安養中心已服務超過二十年的劉惟烈照服員分享：「對於阿公阿嬤來

說，心情是健康的泉源，如果心情好的話身體也就跟著輕鬆起來、不覺得哪邊有病痛。相對的，心情不好的話，就很容易會覺得這邊酸、那裡痛，全身都跟著不對勁。」

「開心」為照顧之本

「對照服員來說，看到長輩和家屬的笑容，就是最大也最好的回饋。特別是看到長輩們生活上能夠與人說說笑笑，就會覺得工作再忙再累都是有價值的。」

談到長輩們的反應，惟烈照服員眼睛一亮，「一定要先認識，才能建立關係。雙連都會先透過家屬來瞭解長輩，知道他們的喜好或禁忌，再加上實際入住後，我們在一旁多做觀察，才能幫長輩在新環境中建立安全感，也慢慢把我們當作自己人。」

「有一次我被分配到要照顧一位阿嬤，但阿嬤一開始希望由女性照服員來照顧，特別是在盥洗的部分，她沒辦法接受由男性來做協助。」

談到長輩，惟烈照服員有著源源不絕的故事可說

惟烈照服員說，阿嬤已經八十多歲了，認知與反應能力都還很清楚，起初對於男性照服員有著很大戒心，因此在照顧上也不能急著要阿嬤改變觀念，「就是每天對她噓寒問暖，像孩子在關心媽媽那樣。」

「過了一陣子之後，我再問阿嬤說，如果是兒子要幫她洗澡，她可以接受嗎？這時阿嬤就很自然的點點頭，表示可以。」隨著信任感的建立，阿嬤除了放下原先的堅持，慢慢地也真的將照服員當作自己的兒女看待，家屬們看到母親的改變，同樣將照服員視為家庭一份子，建立起友好的互動。

找回生活的能力與期待

中心除了期待長輩們能在日常生活中保持愉悅的心情，也希望能透過各種活動，幫助他們重拾自主的行動能力。惟烈照服員說，「有些長輩行動能力不好，只能每天臥床或坐在輪椅上，這時我們就要試著體會他們的無聊與痛苦，幫他們在日常生活中增添一些趣味。」

「對長輩來說，可能會覺得生活中沒什麼可以期待的事情，就會時常賴床，或是一直想睡覺。這時如果用普通的方式，只是叫名字、搖搖長輩，硬是喚醒他的話，很容易弄得大家都不開心，所以我時常會改編歌曲，或是唱一些傳統歌謠來做他們的起床歌，唱個一兩次，每位長輩就都開開心心的起來了，何樂而不為呢？」

「萬事起頭難啦，但還是要持續幫長輩往更好的目標邁進，這是大家共同的心願，不只是上班中被交付的任務而已。」惟烈照服員舉例，曾有一位八十四歲的奶奶剛來到雙連的時候，沒辦法自行上下床，但經過觀察，照顧團隊認為奶奶應該有這樣的能力，只是缺乏練習而已。經過物理治療師指導後，照服員就在生活中幫長者進行肢體功能的復健，在經過耐心地反覆練習，最終如願地達成目標。

「還有一位阿公，長期有痛風的問題，大概三個月就會發作一次。家屬剛開始叮嚀我們，一定不要讓阿公吃大豆，因為家屬認為吃了阿公會馬上痛起來。」然而，在生活相處中，惟烈照服員察覺，豆子其實是阿公很喜歡的食物，一味要他完全不吃除了讓長輩覺得難過之外，在營養上也會缺少特定的元素，「在請教營養師並與家屬討論後，我們就偶爾給長輩很少量的豆子解解饞，在份量及其他飲食的控制下，除了阿公會因為吃到喜歡的食物很開心之外，他也已經一年半沒發作過了，家屬後來也很肯定我們這麼做。」

絕不「等一下」

惟烈照服員也提到，團隊中每位夥伴在工作時都會與好幾位長輩密切相處，除了既定的照顧事項外，長輩們每天也都有不同的需求出現。這時照服員間的彼此幫助，就成為體貼長輩心意的團隊默契。

惟烈照服員說，長輩需求擺第一，不會執著是不是自己的工作範圍

「只要長輩們有需要幫忙的事，不論是不是在我的主責範圍內，只要幫得上忙的，我就會去幫他們解決困難。基本上絕對不要一直說『等一下』再找人幫忙、『等一下』再幫你處理，設身處地的想，每個人等久了，『奇檬子』都不會好啊。」

「不要想說照顧長輩就只是讓他吃得白白胖胖的、少上醫院就及格了，還要跟他們有足夠的互動與心靈交流。這是雙連對於照顧品質的要求，也是我們對自己工作負責所產生的榮譽感。」

能將工作內容從職責轉換成一種使命，惟烈照服員說，長輩們信任的神情，還有家屬們安心、放心的態度，二者都是不可或缺的動力，他笑稱：「我現在已經到了上班一條龍，回家一條蟲的狀態。」

「在安養中心和長輩有說有笑、打成一片，那種快樂讓我對照顧工作產生很大的動力，『為生活而工作』和目前將工作與生活結合是兩種截然不同的感受。例如看到長輩們不只是需要被照顧而已，也有機會重新活用過去的能力，在體力所及的範圍內，在團康時間裡帶個小活動、找到自信，我也從中得到許多開心的成就感。」

「因著在雙連的工作，我體悟到照顧人需要用心，有心才能建立起實在的關係和感情，才能樂在工作。而這種氛圍不只是會改變自己，同樣也讓長輩們的生活品質，有很大的提升改善。」

真誠有溫度的服務，時時安心

——社工與長輩的緊密關係

雙連安養中心的社工團隊，透過積極建立關係、主動滿足長輩需求，幫助這裡成為能讓人安心居住的家。

周雲主任、璽美組長提到，「願意主動關心長輩，這樣的溫暖就能建立信賴感，也讓長輩願意來找我們聊天、把有需要的地方告訴我們。」

中心的社福部門會和居住的長輩們常保很緊密的互動，不只是對於社福資源的找尋、協助申請，更多的是藉著密切觀察，在生活中關心長輩們的身心狀態，適時的主動協助。

社福處周雲主任、林璽美社工組長說明，社工從在學校培育的階段，就開始學習對人能有高度的關懷和同理，「因為有了願意主動關心他人的特質，這溫暖的感覺就會讓長輩覺得我們是可以安心信賴的，自然而然會主動來找我們聊天、把有需要的地方告訴我們。久而久之，就建立出一種良性互動，讓長輩與我們之間有比較親近的關係。」

主動營造良性互動

「很多時候，關係的建立需要由我們積極的開始。」周雲主任提到，每位長輩在入住雙連時，同仁都會盡可能瞭解他們的身心需要，以及之前的人生閱歷與家庭背景，「像之前有一位要入住養護區的長輩，我們知道他有重聽的問題，因此在安排室友時就特別也找了一位重聽的長輩。雖然兩人都無法清楚的聽到對方說話，但很有趣的，兩人卻發展出另一種非語言的肢體溝通模式。即便兩人的『聊天』就是不斷比手畫腳，但他們聊得很愉快，我們也看得很愉快、很放心。」

周雲主任希望，能為長輩們帶來有溫度的服務

「以這個例子來說，我們觀察到不同長輩間的互動，常會帶著一種很細緻又體貼的默契。豐富的人生歷練讓他們能敏銳地察覺各種狀況，然後對於可能傷人或影響彼此和諧的事情持寬容的態度，不會輕易戳破現狀。相對的，我們也要學習這種分寸的拿捏，因為若是讓長輩覺得受傷，多半都要花更多的時間和心力，才能修補彼此間的關係。」

在包容中持續變得更好

璽美組長接著補充，「其實中心的長輩們對我們的包容度都很大。像很難避免的，有些時候我們在說話的態度或口氣還是會不夠和緩，然而從長輩們身上接受到的，是更多的體諒。看到他們這樣的反應，就也會讓我們自覺到在服務上的態度是不對的，就會記住這樣的經驗，避免以後重複犯錯。」

「有一次，剛好工作上需要同時處理很多事情。這時也有長輩來找我們幫忙，雖然當下有停下來聆聽他的困難及需求，但在處理上就稍嫌急躁和不夠細膩，以為都處理完了就好，沒再多說什麼就離開了。沒想到這讓長輩感到很受傷，我知道之後，除了加強多關心他，也經過兩年多的時間才慢慢把誤會解開。」

除了自我察覺，雙連社工團隊的另一大特色，就是同仁之間的彼此幫補與提醒。璽美組長提到，社工團隊的成員，每個人都有自己的長處，也會有不足的地方，所以大家在工作中遇到了挫折或困境時，除了會互相打氣外，也會把學到的經驗分享給其他的夥伴。

群體生活、彼此體諒

透過彼此的經驗分享與互相支援，一則讓雙連的社工專業知能與服務不斷提升，二則也在調整的過程中，能更加真誠的面對長輩、面對自

璽美組長提到，在提供服務的過程中，社工也會不斷的反省和改進。

己。周雲主任說：「服務長輩的過程，除了需要關係與技巧，也要秉持真實誠摯態度，唯有真誠才能一步一腳印的，讓服務做得長長久久。」

「像住在中心是團體生活，長輩們大致都會遵守生活公約，但不免有些時候還是會有違反約定的狀況。」較為常見的情況是室內抽菸與在房間內過度煮食的問題。周雲主任表示，室內禁菸與限制室內煮食，是從群體健康和居住安全的層面予以考量，「然而對於以往有這些習慣或需求的長輩們來說，一開始面對這些規定，他們大都會覺得是被管東管西的。」

正向與平安的陪伴

「因此在我們關懷訪視中，發現與勸導這些情況時，更必須柔和的告知長輩，是為大家的健康與居住、消防安全的考量。只要工作人員抱持真誠協商的態度，長輩都是可以慢慢溝通的。當他們體認到住進中心之後就像是來到大社區，若有發生任何意外，都會影響並讓全部的長輩

雙連的社工團隊成員間會彼此幫補與提醒，讓服務能有最好的成果。

及工作人員擔心，他們就也會願意調整，大家一起讓雙連成為能更讓人安心居住的地方。」

以提供連續性整合型服務為理念，雙連給予長輩及家屬們的安心，還包括在長輩臨終前的陪伴。周雲主任、璽美組長提到，每個人的生命歷程都會有終了的時刻，「因為在中心居住的長輩，約近六〇％是基督徒與天主教徒，他們對於生命帶著永生的盼望，也覺得『離世』是卸下了自己在世上的勞苦重擔，回到天家得安息。

這樣的正向與平安，不只讓我們正視這個議題與過程，也讓我們能用同樣的態度，來陪伴他們走完最後一段。」

「每天都會見到面的長輩，相處久了一定都會有感情，然而在長輩的身上，能夠看到信仰給人帶來的力量，也從中去理解到不同的生死觀。既然他們都知道自己要前往的是屬天的美地，我們就學習用豁達的心情來看待，雖有不捨，但不會為此感到挫折或過於悲傷。」

「因著不害怕或避諱『死亡』這件事，讓人能完全將雙連當『家』來看待。有些住院的長輩在臨終前希望能再回到中心，我們也都很願意為長輩做最後的安排與照顧，因為這樣是協助長輩，離世前可以很安心、沒有掛念，這樣的良善照顧服務，也讓雙連安養中心，成為長輩最好的祝福。」

服事那最小的

——因為愛，看見需要、成為幫助

基於生活上和長輩密切相處後的認識，盈華笑稱她是用「半強制執行」的方式，幫老爺爺申請到需要的生活補助。她說：「從安養中心設立理念的角度出發，我們都會盡力協助，希望長輩不要因為費用的問題，失去生活品質和被照顧的機會。」

每位來到雙連的長輩，都有著獨一無二的生活背景與生命故事，為了能讓長者們入住後過得依然精彩，留意長輩們的身心狀況，在平日給予問候和照料、遇到需要時針對問題共商解決方案，就成為社工團隊的重要任務。

以愛出發

社工員黃盈華舉例：「家屬們將親人安排入住雙連安養中心，無非都是希望得到最好的照顧。然而，在實務上也不免會看到，有些長輩住了一段時間後，其個人或家屬因特殊原因，在繳費上慢慢出現異常狀況。

提到服務長輩時的點滴趣事，盈華的臉上滿是笑容

通常是財務同仁會先發現，長輩在月費上可能是欠繳，也可能是只繳部分金額，這時工作團隊就會開始動起來，除了對長輩投入更多關懷外，也會在與家屬接觸時，傳遞關心的訊號。面對難關，很多時候是家屬不好意思主動開口，這時候只要我們能適時的遞出橄欖枝，他們多半就願意打開心房告訴我們發生哪些問題。」

體貼細膩的主動協助

「例如有位伯伯，他在退休前是公務員，在六十歲剛退休要享福時，太太就中風了，還罹患帕金森氏症，中壯年時期就已經病倒在床上。這樣的問題導致這位伯伯默默照顧太太十多年，入住中心時他的積蓄與心力幾乎都已經耗盡了。但伯伯很客氣，總是不願意麻煩別人，即便社工已經察覺到他有經濟補助的需要，伯伯仍然笑著推託說『不用、不用。』」

眼看這位伯伯的問題持續存在，這時能做的事情就不再停留於口頭的詢問和關懷。對此盈華靈機一動，轉而採用她笑稱是「半強制執行」

的方式，先幫伯伯把各種申請表格、單據等資料都印出備妥，接著把資料拿到伯伯面前，並和他說：「我們都準備好囉！就請伯伯幫我們簽個名，然後就可以拿去申請補助了。如果伯伯還是堅持不要的話，那我們的準備就都白做啦，好可惜喔。」伯伯終究拗不過社工的熱忱，點頭接受了幫助。而這些補助也成了及時雨，讓伯伯和他的兒子都鬆了口氣、負擔減輕不少。

「從中心設立理念的角度出發，我們都會盡力協助，希望長輩不要因為費用的問題，失去生活品質和被照顧的機會。」

以這位伯伯的例子來看，決定採用這種半主動的方式出擊，正是奠基於生活中和長輩密切相處後得到的認識。盈華知道，伯伯一再推拖的原因乃是害怕造成別人的麻煩，但她也明白，伯伯更不好意思辜負別人的心意，只要能委婉的說明、再加入一點幽默的態度，就能使伯伯放下掛慮，安心接受中心的幫助。

對於投入社工服務領域的人來說，讓個案需求得到滿足，就是社工

因著在工作上持續成長，盈華也樂意將自己的服務經驗再分享給其他的團隊夥伴

人員存在的價值之一。然而，提供服務的基準仍在於透過審慎評估後，確知案主的處境與需要，而非「會吵的小孩有糖吃」。同樣以經濟困難長者補助為例，雙連除了會先瞭解長者面臨的難處，也會同步評估長輩的子女人數、子女經濟狀況及其家庭功能是如何運作。

盈華提到，「工作團隊釐清長輩的家族現況後，我們都會分頭和不同家屬進行溝通，甚或找個時間請大家一起坐下來談談，從中找出困難發生的原因及協助措施。」

隨著年齡日增，每個人都會面臨著老化的課題；從專業角度來看，長者身心狀態的變化是需要持續關注的變動過程。為讓長輩能不斷獲得最適當的照顧，社工們的另一個重要任務，則是掌握長輩們的生理、認知與心理狀況，若出現不同的照護需求，就得協助調整為更適合長輩現況的照護模式。

做在需要的人與事上

「『適得其所、老有所終』是我們在照顧上很看重的要點，然而對家屬來說，要接受親人們的改變，未必是一朝一夕就能理解的挑戰。」

「就像有對母子讓我印象很深刻。媽媽在剛入住中心時狀況還不錯，雖患有失智症，但可以自行走動，然而兒子怕媽媽住得不習慣，每天下班後都會趕來探視媽媽，過了好一陣子後才改成每週來幾次，最後變成每個月來幾次。不過，住了幾年後，媽媽因為失智程度加重的緣故，慢慢喪失了自主活動的能力。」

面對這位奶奶的變化，盈華與護理、照服等團隊一同跟兒子會談討論，經兒子同意後將奶奶從失智專區轉到養護區。而面對這樣的改變，兒子又恢復了每天都到中心探視母親的頻率。

「我們知道，這正是家屬不放心的表現。也因為這樣，我們每天都會撥時間在兒子來探視時和他多聊聊，與他分享媽媽在安養中心的生活點滴。」因著雙連同仁們的耐心以對，這位兒子後來再次將探視頻率的間隔拉長。對於這樣的轉變，盈華快樂地說：「在中心，我們會讓家屬知道，不論長輩住在哪個照顧區，團隊一樣都會提供最認真、最好的照顧。」

「而對我來說，在這裡遇到的長輩與家人，都讓我越來越懂得如何站在他們的立場和角度，耐心的聆聽和理解。在過去面對比較複雜的問題、不客氣的提問時，雖然我還是會提供應有的協助，臉上的笑容可能就掛不住了。但現在，看到長輩們被照顧後展現的笑容，得到家屬們回饋給我們的任何感謝或讚美，那就是最好的禮物與回饋！」

為長者找到改變契機、重拾能力

——將復健融入生活

要能看見長輩們的實際心聲與需要，最重要的是先和長輩建立關係，藉著彼此認識的過程，去察覺到長輩需要幫忙或加強的部分。

俞均組長提到，「照顧的本意，就是要讓被照顧者有好的生活品質，除了照顧模式需要隨需求調整外，更重要的是整個團隊一起進行。只要能換位思考、彼此配搭，再難的狀況也都會變得容易。」

生理機能的衰退，是每個人在老化過程中無法避免的進程。面對退化，長輩們不免會感到沮喪或憂鬱。對雙連團隊來說，在長輩退化的過程中給予足夠的協助與身心靈的支持，讓退化速度得以延緩、甚至重新拾回失去的功能，就成為重要的任務。

陪伴走過老化、給予支持

針對長輩們退化的情形，劉俞均復健組長說明，「有些長者認知功能退化、無法溝通互動，我們就需要透過日常的觀察並連結家屬，以瞭解長者的需求重點及其可能的動機。而有些長者，雖然認知功能仍佳，但因為高齡衰弱問題或因為疾病因素，導致日常參與能力、行動能力下降，心理狀態及社會參與層面也會出現影響。因此透過復健定期評估與持續追蹤，加上跨專業團隊的合作，針對有復健需求的長者得以即早、即時的介入。」

俞均組長說，「復健」對不少長輩來說有時是很辛苦的課題，「因為有些長輩會因為無法感受到明顯進步而失去了信心，有些人則是會覺得『再怎麼認真，都還是會繼續變老。』對於各種情緒和反應，這時從旁

陪伴長輩們復健的過程中有時雖很辛苦，但看著改變發生，仍讓俞均組長感到非常快樂

協助的照顧人員和家屬，給予足夠支持就成為很大的幫助。」我們希望「復健」不只是長者身體上的介入，而是可以積極支持長者想做的事情。透過提供不同程度的服務介入，包含一般健康促進活動的規則與執行、特殊需求長輩的衛教、照顧者諮詢與教育訓練，評估規劃個別化輔具與環境等，協助長輩提升生活品質。

雖然透過功能復健、延緩老化，對長者們的健康來說有很大幫助，但俞均組長也提醒，

「復健的本意是幫助長者，因此要去看到他們真正想要的，而不是將『標準』一味地套用在長輩身上。」

在雙連，支持長輩的方式不單只是在口頭上給予鼓勵，也不會僅是以監督的角度，來評量長輩是否有完成復健的功課。「我們會把復健的內容融入生活當中，一來是容易有參與感和成就感，二來讓爺爺奶奶們明顯感受到『我又可以打理自己的生活了！』」

「就像之前有照顧一位阿公，他因為長時間乘坐輪椅，下肢逐漸變得沒有力量，關節也越來越僵硬。家屬很希望阿公可以試著站起來甚至嘗試走路。然而回到實際照顧層面，阿公覺得自己已經九十歲了，對他來說需要的只是平常能舒適的生活，然後有人可以多陪陪他、和他說話。能不能再站起來、或是自在走動，對阿公來說已經不是那麼重要。」此時專業團隊的介入與溝通就非常的重要，必須深入瞭解長輩是因為害怕跌倒、疼痛或怕麻煩別人……。而不想站起來，還是因為有其他更想做的事情？理解長者的狀態後，再與團隊、家屬共同討論相關復健計畫，才能提供符合需求且適合的照顧服務。

生活即復健，為長輩賦能

實際看見長輩們的心聲與需要，讓雙連團隊更重視及注意照顧模式的因應調整。「像是長輩因年齡、疾病的影響，導致下肢沒有足夠力氣、平衡感不好，有時這些現象我們能直接改善的非常有限。所以我們從環境改善開始做起，加上輔具的適當運用，讓長輩們能夠克服身體功能障礙，對於起居時的活動有更多的參與。」

「就算長輩們一開始做得沒有很到位也沒關係。很多時候，其實是我們怕長者受傷、或是覺得『我們幫忙做比較快』，幫長輩太多的忙，讓他們減少了可以練習自理的機會，久而久之，這些能力就真的失去了。」

要能真正理解長輩們的心聲，俞均組長提到，最重要的是先和長輩建立關係，藉著彼此認識的過程，去察覺到長輩需要幫忙或加強的部分，從必須優先滿足的需求做起。「然後我們也需要不斷的反思和評估，期待能讓自己在照顧者的角色上有最好的拿捏。」

「幾年前，我們接觸到一位從別的機構轉過來的阿公，剛做完髖關節置換手術，阿公總說自己換過關節的腳很痛、沒辦法走路，就一直坐

俞均組長說，復健的出發點，是瞭解長輩們的真實需求為何

在輪椅上、鬱鬱寡歡。」

「想不到，我可以再次走路」

「家屬對阿公的支持度很高，也希望長者能有機會再恢復行動能力，希望我們能多協助。」收到家屬的期待，照顧團隊先是去和阿公互動，瞭解長輩的想法，接著也請醫師為阿公看診，確認他的活動能力以及傷口復原狀態。做好事前評估後，服務團隊接著幫阿公做生活環境的改造，「包括幫他在室內安裝扶手，也在床邊設置便盆椅，讓阿公可以在室內安全的進行短距離活動，慢慢練習。」

阿公用了很長的時間持續地復健，過程中照顧團隊也不斷做出調整和應變。俞均組長記得「阿公決定接受復健後，先是讓他在床上進行肢體活動的練習，然後引導他重新學會站立。站著沒問題後，就開始讓他推助步車慢慢走，再把走動的時間和距離逐漸拉長，大概過了一年之後，阿公很興奮的跟我們說：『我從沒想過，可以再次走路！』」

行動不便長輩，也能參加運動會

俞均組長說，長輩們喜悅的反應是照顧團隊最大的鼓舞，「也藉著這些案例，去提醒我們復健的過程絕對不會只侷限在治療室而已，更重要的是如何實際在日常生活中落實，並和團隊一起調整照顧觀念及做法。同樣的復健模式，要考量到長輩的生理狀況，居住環境以及他們內心的感受，才能收到雙贏的結果。」

「其實只要認識長輩，知道他們在想什麼，就能夠比較容易找到動機或建立期待。」俞均組長再以一位罹患糖尿病及退化性關節炎的長輩為例，這位長輩的兒女們常為了工作出差，在缺乏陪伴的情況下，長者血糖控制不佳又有疼痛的問題、行動不方便，因此入住機構。入住後，長者心情非常的低落，婉拒復健服務的介入。

「但我們知道他過去其實是愛熱鬧愛交朋友的人。剛好我們每年都會帶長輩去參加衛福部辦理的重陽運動會，這就成為一個誘因，一則引導長輩和中心內的左鄰右舍開始互動，二則告訴他：『運動會過後，大家可以一起去吃好吃的、買些伴手禮再回來。』」

「長輩聽了覺得很有趣，就慢慢開始和其他人交流，也願意參與各種活動。在參加運動會後，他一口氣買了十根香腸，說要帶回來給朋友們吃，還大發豪語說，下次要直接用走的前往運動會場。」

「照顧的本意，就是要讓被照顧者有好的生活品質，除了照顧模式需要隨需求調整外，更重要的是整個團隊一起進行。只要能換位思考、彼此配搭，再難的狀況也都會變得容易。」

彼此同工、靈活應變

——讓長輩們在用餐時展現笑顏

阿卓師提到，「整個營養組在我眼中，是非常團結又有彈性的團隊，每個人都會想辦法彼此幫助、用最高的靈活度來完成手上的工作。」

「看到長輩們被關心後快樂的笑容，以及在互動間帶著鼓勵的拍拍師傅的肩膀，或是握手致意，都讓大夥們認為，『整天再忙都值得，也從這些鼓勵中，得到無與倫比的成就感。』」

在雙連安養中心，對於長輩們食衣住行育樂醫療等生活的需求，總是會多上幾份貼心，希望能做得更好。人稱「阿卓師」的營養組組長卓東吉大廚說：「對我們來說，長輩們的每日三餐都是很重要的大事，在料理的時候，不只是用好的食材、煮的口味好吃就可以，還要兼顧到讓長輩吃得營養又健康。目前營養組團隊總共有二十二人，菜單會先經由營養師計算熱量及營養素，然後再交由廚房中的同仁，一起完成每天的食材洗切與烹調，確保大家都能準時的享用美味及熱騰騰的餐點。」

貼心滿足飲食需求

阿卓師觀察，來到中心的長輩們各自有著獨特的生活背景，「有些人從台灣各地來到雙連，也有些人是從國外搬回來的，大家的口味都不太一樣。例如有些人口味吃得重、有些人喜歡菜吃起來要甜甜的，但相對的，也有人會對較鹹或較甜的口味不習慣。」

「若要知道大家對於菜色的感受，只要在長輩們在用餐的時候多走動，和他們聊聊天，很容易就會知道口味。」阿卓師說，他很喜歡趁著長輩們用餐時到桌邊問候，除了容易更快認識每個人、聽到他們對於菜色的意見，更重要的是阿卓師喜歡和阿公阿嬤們能多聊上兩句。看到長

談到長輩們給予的各種好評，阿卓師臉上充滿快樂的笑容

輩們被關心後快樂的笑容，以及在互動間帶著鼓勵的拍拍師傅的肩膀，或是握手致意，都讓阿卓師與同工們認為，「整天再忙都值得，也從這些鼓勵中，得到無與倫比的成就感。」

「在廚房時，我都和團隊同工們分享，要把心胸打開去聽每個人的聲音，有特別被反應的問題去改變或解決就好了，不要覺得是在找你麻煩。」阿卓師印象深刻，曾有一位入住的長輩提到，他對米飯會過敏，廚房同工知道後，就會每餐特別替長輩蒸一條地瓜，偶爾則會改用炒麵來變換口味；也曾有陣子常聽到長輩們說很久沒吃米粉了、覺得很懷念，就特地準備一大鍋炒米粉做為主食，「長輩們看到後，那餐就吃得特別起勁。」

機動調整、快樂用餐

阿卓師介紹，除了例行三餐的提供外，遇到特殊節慶，也會依照節令時節提供應景的食物，「像是端午節就有粽子，中秋節則搭配柚子。不過我們也發覺到，吃得好也吃得開心，應該是要能時常發生的事，所以我們特別在餐廳設置了擔仔麵攤（自助煮麵區），每週還為長輩們提供兩次票選『快樂餐』，大家都很喜歡這樣的設計。」

「『快樂餐』顧名思義，就是我們有調查出特別受長者歡迎的二十多道餐點，就這些餐點中，我們會每月固定時間請大家投票，每次選出的前十名，就會分別列入下個月每週的菜單當中，這會讓阿公阿嬤對於飯菜有特別的期待，會主動想要多吃一些。」

「像『牛肉麵』就非常受歡迎，大家都吃得比較多。特別是有一位阿公，每次只要看到菜單有牛肉麵，就會一直和我提到這件事，顯示出他對於吃飯的期待。」

「雖然我們已經盡力想做到最好，但畢竟每餐都要提供給很多長輩享用，難保每道菜色都可以讓每個人滿意。」阿卓師說，工作團隊想到了可以在餐廳設置擔仔麵攤，提供新鮮麵條、米粉、青菜等食材，再放上一應俱全的油蔥、肉燥、榨菜、芝麻醬等配料，讓長輩們可以選擇自行涮煮湯麵，佐以喜歡的調味，「其實讓長輩動手煮個自己想吃的，也是很好的紓壓方式，心情好了就會有胃口，也會讓他們覺得每餐都是好吃的快樂餐！」

而在滿足大家的飲食口味之外，阿卓師提到，營養團隊的另一個重要任務還包括監督送來的食材品質，以及管控烹飪與送餐流程，確保每次的餐點都能維持品質且準時提供。

更多需要、加倍體貼

「整個營養組在我眼中，是非常團結又有彈性的團隊，每個人都會想辦法彼此幫助、用最高的靈活度來完成手上的工作。例如我們用的各種農產品，很多都是就近請在地農家提供我們新鮮且應時的作物，但畢竟蔬菜水果會受到天候的影響，有時候預計的採購清單和實際能買到的東西不太一樣，這時我們就會機動調整菜單。」

「天氣的因素外，有時若當天來用餐的訪客家屬比較多，備菜不太夠。這時廚房同工們一定會先看離最近一次的供餐時間，還有多久可以準備，然後我們其實都會有些可以快速上菜的私房菜單，像是炒青菜、煎蛋、滷肉都是很快可以完成的菜色。大家一起準備速度又會更快，我在雙連已經工作快二十年了，印象中，沒有發生過真的來不及準時開飯的狀況。」

阿卓師也說，營養團隊不只為能自行用餐的長輩們提供佳餚，「養護區、失智專區的長輩們，同樣也是我們的服務對象。」

「中心的營養師會為入住的長輩，做出個別的營養評估與追蹤，一則是瞭解長輩們是否對飲食有個別禁忌或疾病限制，二方面也會針對他們的咀嚼吞嚥能力還有生理狀況，給予不同性質的餐點或飲食建議。像

阿卓師讚美營養組的工作團隊，大家都能齊心完成工作上的每個任務

是我們可以把一般的三餐改變為細碎飲食或流質飲食，若是長者吞嚥功能退化，則視情況給予定型餐、糊餐或管灌飲食。」

特製定型餐，重享食物好滋味

「近兩年，中心的營養師與廚房一起開發的『定型餐』，讓原本需要用糊餐的長輩，不僅可以享用到食物原有的滋味，再加上塑型後的餐食仍給人立體及色彩的視覺，就更有吃飯的胃口，不用像過去為了避免嗆到，只能吃打成整碗、灰撲撲的食物糊。」

「現在中心內，約有二十位長輩經評估後可改吃『定型餐』，我們就依照當天的菜單，盡量用相同的食材來進行製作。」阿卓師笑說，用「盡量」兩字，是因為夥伴們試過很多次，只要碰到糯米、苦瓜、海帶等食材，用了各種辦法都無法順利凝固塑型；煮久了軟糯綿密的芋梗，做成定型餐的口感反而不佳，為了要保有食物的色香味，遇上這些食材就會用其他的蔬果代替。

「一開始來廚房工作的時候也是戰戰兢兢，但現在和長輩們、同仁們都很熟悉了，大家的互動都很良好。不但可以聽到長輩的意見，也知道夥伴們都會一起改善問題，就讓人越來越喜歡這份工作，喜歡看到長輩們吃到美食時，單純的快樂。」

吃得營養，更吃得開心

——「定型餐」打造吞嚥困難長輩飲食新體驗

實際展示定型餐，只見惟妙惟肖的擬真水煮蛋、滷蛋、荷包蛋、歐姆蛋一字擺開，還有抹茶紅豆、白玉紅豆等口味的點心捲做為陪襯。在細緻軟嫩的口感中，仍能吃到滷蛋該有的醬油味，抹茶紅豆獨特的香甜。

香蘭營養師與素卿配膳員笑著說：「雙連不只想讓用餐成為長輩期待的時光，更希望對食物美好的印象能留在他們的腦海裡。」

年輕力壯的時候，我們以口進食，除了從中獲取身體所需的營養素，也藉此以五感享受食物的色、香、味。然而，隨著慢慢老去，長輩們常因牙口不好、無法順利吞嚥等問題，慢慢失去了品嚐美食的機會。

對此，雙連葉香蘭營養師觀察，「俗話說『食衣住行』，『食』排在第一位，代表這是最重要的項目。身體機能的運作一定需要有營養來支撐，我們還是希望長輩能吃多少算多少，但要提供營養密度高的食物，以質來取勝，好維持人體需要的營養素，以增強抵抗力。」

重拾「原味」的飲食體驗

「在老化的過程中，人會經過活動能力減少的階段，咀嚼、吞嚥能力也算是活動的一部分，在生理機能衰退到需要使用鼻胃管之前，長輩們通常會經過一段食用糊餐的歷程。然而若要兼顧營養成分，把許多食物打碎後混成一碗的餐點，在外觀和口感上多半無法引起食慾，對長輩們來說，一天三餐要面對的就是三碗糊狀食物，不論怎麼看，這都是很乏味的飲食體驗。」

香蘭營養師的觀察以及和團隊的共同理念，展開了為吞嚥困難長輩們改善飲食體驗的努力。

因著研發定型餐，香蘭營養師（左）與素卿配膳員（右）成為互相支持的工作夥伴

為長輩改善進食體驗的計畫開始後，香蘭營養師與配膳員吳素卿及相關同仁，就開始一連串猶如探險尋寶的嘗試。「目標就是要讓他們容易吃卻又不會嗆到。最初本來是想要仿效日本的配方，但因為日本做的是冷食，在台灣的話還是會想要吃到溫熱的食物，在食物定型粉的選擇就需要改變，不然就還是糊糊稠稠的一碗。」

在多次嘗試中，素卿配膳員也慢慢發現，「保留各種食物的味道也是很重要的一環，不能只是想要一次到位，不然就只是把食物糊的狀態改變了，長輩們在吃的時候還是沒辦法感受原有的形狀與味道。」

打造「定型餐」，爺奶開心吃飯

「就是不斷嘗試，也一直讓大家試吃、提出意見，慢慢才找到製作的完美配方與『眉角』。」素卿配膳員從試做紀錄中歸納，食材含水量是影響成敗的關鍵。定型前蔬菜需要更多次的攪打，避免纖維太粗影響長輩進食；而肉類、雞蛋等蛋白質高的食物則要注意不要做得太硬，「試到現在，用苦瓜、海帶芽這兩種食材來做還是一直沒成功，還要再找更適合的方法。」

雙連安養中心將這種為長者特別打造的餐食稱為「定型餐」，意即先將單一食物攪打成容易進食的狀態，再透過食物定型粉的輔助，做出兼具色香味的塑型，讓人能獲得享用三餐的食慾。

香蘭營養師介紹，為了能讓定型餐保有穩定的品質，也讓全中心的夥伴共同分享研發的成果，經團隊討論後訂出標準化的製作流程，「這樣不論誰接手製作，都能有同樣的軟硬度與口感。」

目前約有近二十位阿公阿嬤食用定型餐，香蘭營養師與素卿配膳員也持續觀察長輩們的進食情況，只要發現問題就立即著手調整。「傳統糊餐的話，長輩們總是吃得不多，也因為糊餐的黏稠度高，所以其實還

香蘭營養師說，定型餐的初衷就是要讓長輩們能對吃感到開心與期待

是會容易嗆到。目前整體來說，發覺長輩們藉著定型餐能有效降低嗆咳次數，食慾也大幅提升。」

讓用餐成為期待的時光

「家屬來看到自己的爸媽願意大口吃飯，當然也覺得很開心，看到長輩們快樂，我們就也覺得非常欣慰。相處久了，長輩都像是家人一樣，只要能幫上忙，就覺得很有繼續前進的動力與熱忱。」

「有時候家屬們也有很多的創意和巧思，像是有位大哥知道媽媽在用餐時喜歡更溫熱的食物，來陪伴時就會把定型餐再過個熱湯、提高溫度，這樣在吃飯的時候，長輩就會覺得更加開心。」

實際展示定型餐，只見惟妙惟肖的擬真水煮蛋、滷蛋、荷包蛋、歐姆蛋一字擺開，還有抹茶紅豆、白玉紅豆等口味的點心捲做為陪襯。在細緻軟嫩的口感中，仍能吃到滷蛋該有的醬油味，抹茶紅豆獨特的香甜。素卿配膳員笑著表示，「就會想到說，有一天自己也會老。等我退化到沒辦法咀嚼食物的時候，我應該也不會想三餐都只能吃食物糊。」

「雙連不只想讓用餐成為長輩期待的時光，更希望對食物美好的印象能留在他們的腦海裡。定型餐的食材都特別處理過，像是滷蛋的蛋白和蛋黃就是分開絞細再塑形；蛋黃的部分有提高濕潤度避免噎著，蛋白則是多加入一些醬油調味，不只增加顏色也提高風味。最後每樣餐點都

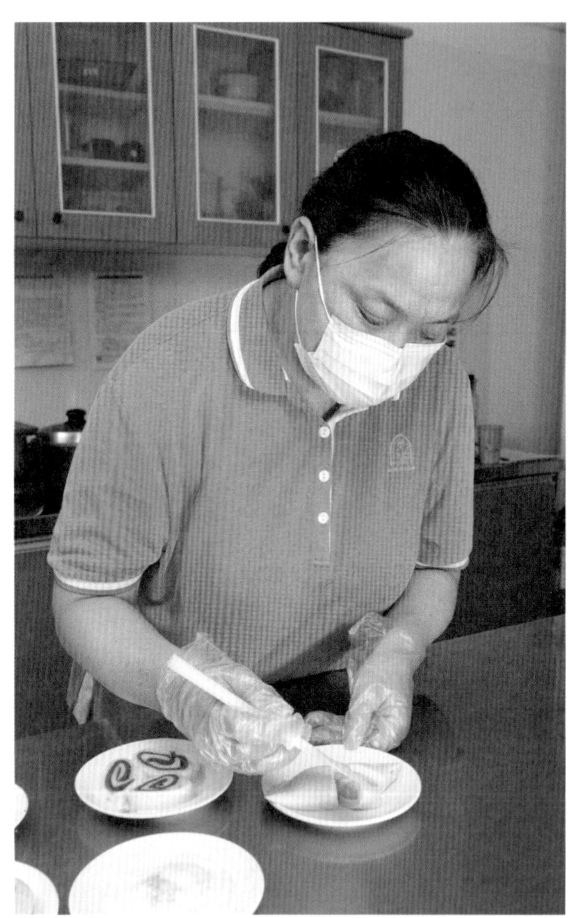

素卿配膳員切開歐姆蛋，定型餐不只有外型而已，連內餡都是講究的調製番茄醬口味

能看到原型，兼顧容易吃又好看的基本原則。」

入住雙連後，中心會為長輩們進行定期的健康檢查，針對與飲食相關的項目，香蘭營養師都會特別注意，「像是白蛋白的指數，或是看長輩有無肌少症的問題，我們都會個別去推算，確保每個人都吃進該有的熱量和營養。」

「這也是我們的下一個目標：希望能多為有特殊需求的長輩們，做到越來越細膩的客製化飲食，不只要吃得均衡，更重要的是對吃感到期待與開心。」

換位思考，成為「變形金剛」

——靈活又機動的照顧團隊

住在雙連安養中心的阿公阿嬤們來自台灣、甚至是世界各地，讓這裡就像是個社會縮影般精彩而多元。

對於長輩生活上的各種事務，在雙連服務的同仁們都像是「變形金剛」那般，大家一起發揮超能力，盡量去符合每位長輩的需求。

好的長者照顧，除了提供適宜居住的生活環境、良好品質的食衣住行育樂醫療服務外，對於生活中疑難雜症的解決、大小事務的協助，同樣是讓長輩安心且愉快度日不可或缺的要素。

行政處張語珊主任、工務組徐景泉組長提到，每個人的生命都在歷經從幼年到老年的過程，年紀大了免不了就會需要更多的照顧與協助，

「很多時候，看到在中心的阿公阿嬤，我們都會想到自己老年的光景，就會想說可以為他們多做點什麼，就盡量提供協助。」

盡心服務、更多陪伴

語珊主任說，住在雙連的阿公阿嬤們來自台灣、甚至是世界各地，這讓安養中心就像是個社會縮影般精彩而多元，「說真的，什麼事情都有、都可能發生，有很溫馨的，也有讓人非常擔心的，但辦公室的同仁們就要像是『變形金剛』那般，大家一起發揮超能力，盡量去符合每位長輩的需求。」

「辦公室的同仁都需要和長輩們有很高的熟悉度，大家每天碰面都會打招呼，若是長輩有問題來到辦公室協助，我們除了會瞭解他所遇到的困難，也會多聊個兩句。對行政團隊來說，看到長輩們不再覺得不方便或煩惱、安安心心的，大家就會覺得很開心、很有成就感。」

「像是有一位住在養護區的阿嬤，雖然她的身體狀況需要多一些照顧，但她的認知功能沒有退化。所以每天都會看到她下樓很多次，常常到辦公室前繞一繞、並不是有事情要我們協助，後來我們就養成一種默契，知道阿嬤只是很需要人陪伴、和她聊天，就會耐心聽她想跟我們說的事情，或是看到她在大廳散步時，給予一些眼神和笑容的交流，待阿嬤走累了，就會很開心的再回到房間休息。」

語珊主任說，照顧團隊要像是「變形金剛」般的靈活運作

珍惜與敬重，產生信任

提到長輩們的生活，景泉組長笑著說：「爺爺奶奶們每個人都很有趣啊，有需要的時候會找我們幫忙，但外出走走、吃了美食之後，回來也不忘和我們分享他們在旅途中發生的趣事，或是也會帶些好吃的回來與工作人員分享。其實很多時候他們就像小孩一樣，很可愛、卻也會需要別人的幫助。」

「久了之後，我們和長輩們都有很好的互動，老人家就會慢慢的越來越信任我們、把我們當家人那樣看待。」景泉組長說，當他們認定某位同工之後，就會不管大小事都會拜託他。

「拿修繕來說，有些人就會期待越快修好就可以了，誰去幫他們修理就不會太在意；相對的，也有一定會希望是我或哪位同仁過去。若不是他指定的人選，就算是很簡單的修理，像是燈泡不亮換一個就好的，他們也會等到那位同仁上班後，再請他去房間處理。」

景泉組長提到，阿公阿嬤們對於維修也有各自的偏好與堅持

「也因為這樣，我和其他的同仁也都學會當下對長輩們的需求瞭解與回應，盡量不說『等一下』、『晚一點再去看』。很多時候其實都是小問題而已，例如插頭或線路沒接緊、把機器關掉再重開就可以了，僅需用很短的時間，就可以把故障排除。」

團隊合作，化險為夷

語珊主任也補充，「長輩們生活上小問題的維修，可以由團隊同仁各自針對故障處理，若是較複雜的情況，大家同心合作所發揮的力量，則也能讓問題大事化小、小事化無。」

「數年前有一對長輩夫婦一起住進雙連，來的時候阿公已有逐漸退化的失智症狀，阿嬤則都可自理。有一天阿嬤照慣例帶著阿公外出，到當時捷運站的咖啡廳喝咖啡，但阿嬤只是去洗手間一趟，出來就發現阿公沒有在原地等她、不知道往哪邊走。當我們一接到消息，立刻動員許多同仁開始協尋。」

語珊主任記得，因為當時阿公與阿嬤走失的地點是在淡水捷運站，但不確定阿公是往台北市區走、還是一路往淡水市區的方向前進，「除了最基本的印製海報、兵分幾路找阿公之外，我們也請同仁去警局報案、到醫院看看有無這位阿公的身影。」

此外，當時阿嬤一直怪自己去洗手間才讓老伴走丟的，一想到阿公不知道人在哪、擔心阿公因失智的問題會無法清楚表達，阿嬤就急得坐立難安、也吃不下飯。辦公室的同仁看到阿嬤如此自責，在找人的同時，

說起與長輩們相處的趣事，語珊主任（右）與景泉組長（左）臉上都充滿了笑容

團隊也不忘陪伴阿嬤、安撫她焦急不安的心境。

隨著同仁多方面的努力尋找，在阿公走失半天左右後，終於接獲馬偕醫院通知，有人看到阿公在前往漁人碼頭的路上跌倒，路人幫忙叫了救護車。「雙連和馬偕醫院有很密切的合作關係，醫院的急診處在照料的時候，知道阿公是雙連的長輩，就馬上通知我們趕快派人前往，才讓這次走失有驚無險的落幕。」

瞭解長輩，給予關懷

「遇到長輩們的問題，我們的團隊都會進行內部分工，依照部門的專長做出適當因應。若是既有的流程發現問題，也會再做更多的評估與調整。像是失智症長輩的照顧，我們可能無法完全理解他的感知，但可以盡力去融入他的世界；有時失智症長輩的言行是表現出他內心的失落與不安，所以不要覺得他在找麻煩，而是若有比較負面的情緒或行為出現時，能夠適時的多給予需要的關懷。」

語珊主任也提到，「長輩們的健康與認知情況都有所不同，也都會隨時間而變化。照顧團隊要察覺其中的改變、即時做出應對，這是我們工作中不斷需要觀察和學習的事情。」

用愛彼此顧惜

——讓晚年生命到最終，都滿有喜樂平安

創立至今，每位來到雙連安養中心的長輩，都帶來了一段佳美的故事。明妙院長說：「讓機構成為一個『家』不只是理念或口號而已，因著這裡住的長輩、在這裡工作的同仁之間能彼此顧惜，在心中惦記著對方，才會讓機構的文化真正不同。」

「雙連可容納四百三十二位長輩，將這些信任我們、決定來到這裡住的阿公阿嬤們照顧好，這是我們的本業、也是一定要做好的事情。」

關注老年生命的需要，雙連長老教會自一九八八年起開始相關事工，並於一九九三年開啟雙連安養中心福利園區的興建籌備計畫，直至二〇〇〇年第一期建築完工、正式落成啟用。

參與社會、榮神益人的核心精神

院長賴明妙述說，雙連從提供長輩安養、養護服務出發並擴展失智症照顧專區服務，隨著服務與組織的發展，雙連教會另設立了「財團法人新北市私立雙連社會慈善事業基金會」，透過承辦政府社區照顧關懷據點及居家照顧服務等業務，以送餐、電話問安、關懷訪視、健康促進、居家照顧服務等多元工作，讓長照服務的量能持續增長，也讓更多的長輩能得到關心與照顧。

「基督教信仰的本質是『愛』，也希望更積極透過參與社會公益、提供更多需要者幫助，成為見證並傳福音。這樣的信仰根基也延續到我們的照顧理念裡。即便隨著社會環境、政策的變化，我們或許會在服務模式與內容上有所調整，但這樣的核心理念是不會改變的，也將是安養中心持續傳承的使命。」

二十年來，雙連安養中心期待所做的工作都能「榮神益人」，明妙院長提到，「雙連安養中心可容納四百三十二位長輩，將這些信任我們、決定來到這裡住的阿公阿嬤們照顧好，這是我們的本業、也是一定要做好的事情。」

因著愛，彼此鼓勵支持

明妙院長說，雙連能受到眾人的肯定與託付，最大的特點是每位長輩真的把這裡當作自己的家，「讓機構成為一個『家』不只是理念或口號而已，而是在空間內能有溫馨的氛圍，讓在這裡住的長輩、在這裡工作的同仁之間能彼此顧惜，在心中惦記著對方，才會讓機構的文化真正不同。」

願意用心對待接觸到的所有長輩，阿公、阿嬤們最真摯的回應，就是把雙連安養中心看做是自己的厝，把工作人員視為家人。「這樣的心意讓雙連變得很不一樣，我們不只是照顧者而已，很多時候也會得到來自長輩們的照顧支持。」

為了讓長輩們能更清楚這個「家」的大小事，在每週固定舉行的主日禮拜中，會透過週報來讓大家知道中心的動態與消息。「藉著這些資訊，長輩們都會為中心的事工禱告、祝福同仁們在工作上一切平安。像是出差回來碰見阿公阿嬤，他們也會高興地說『你平安回來啦！感謝主喔！我都替你在祈禱吶！』一句簡單的問候，就會讓人感受到長輩是把你放在心中的。」

這份情感不只存在於長輩仍住在安養中心的時候，「很多長輩們的兒女也把這裡當作他們的家。」明妙院長提到，中心內有許多別緻而溫馨的佈置，都由一位阿嬤的女兒親手打造，「阿嬤大概在十年前過世的，她有一位女兒擅長插花佈置。從媽媽還住在這邊的時候，女兒除了經常會來陪伴母親，也會順道為中心的室內空間進行佈置；而阿嬤安息之後，女兒到目前還是一年會固定前來幾次，甚至帶著外孫女一起來為中心做節期佈置，因為她說『雖然媽媽不在好多年了，但這裡就像是我的娘家！也希望其他的長輩看到這些漂亮的佈置能更開心，也藉此能常回來走走看看。』」

生死兩無憾的安心

對雙連來說，好的服務在於讓被照顧者，能一直處在平和且安適的環境，「這樣的『平安』是到生命末了也不失去的，這同樣是中心在營運初期，就很明確要進行的服務。而在基督教信仰中，看待死亡並非負面的事情，肉體的死亡也代表生命回到了天家的開始，這是種永生的盼望。」

從現況來看，願意提供臨終照顧的長照機構仍有待推廣，「然而我們總說『老有所終』，這代表人們都希望能終老在自己覺得最安心、最熟悉的地方。」

「這麼多年下來，也有很多的長輩或家屬主動來和我們討論臨終安寧照顧的問題。長輩們想知道自己在衰老、面臨死亡的過程中會被如何照顧？家屬則可能擔心，若是父母離世前，自己無法即時在他們身邊陪

明妙院長笑著說，來自長輩們的信任與寬容，都成為安養中心團隊在面對困難時最好的扶持

伴，又該要如何安排？」

「當人們知道，他們會被妥善的照顧陪伴到最後一刻，那麼往往就能得著安定的力量。」明妙院長說起了林阿公的故事。林阿公年輕時是一名醫師，「阿公晚年因疾病因素、到最後已意識不清，甚至需要洗腎才能勉強維持基本生命徵象時，家人們共識決定不要再讓阿公承受無謂的侵入式治療痛苦之後，女兒問中心：『可以帶爸爸回到他住了許久的房間，陪伴他渡過最後的時

光嗎？』」

「我們當然說沒問題！這本來就是中心一直努力在實踐的初衷。」從團隊知道阿公要從醫院回來的那刻起，大家就各司其職，有人負責行程通報、有人在門口準備迎接，也有人先協助房間整理、調整室溫，希望讓阿公及家屬回來時就覺得很溫馨、安心。

陪伴多走一哩路

明妙院長提到，按照家屬們原先的想法，是將阿公接回中心房間，兒女們各自告別、牧師祝禱後，就讓阿公自然的走完人生最後的旅程。「阿公是很有才華的人，喜歡音樂也會用日文來創作歌詞。回到住房後，阿公兒女、親人齊聚一起，輪流和爸爸說話、感謝和道別，也一起唱他最喜歡的日文歌。」聽到兒女們的聲音及熟悉的歌，阿公雖然當時已呈現意識不清狀態，無法張開眼睛，但看到他似乎努力嘗試要張開嘴、腳也跟著歌聲抽動，「那時，女兒就很激動的說『爸爸聽到了！爸爸知道……。』」

眼見父親的反應，讓阿公的孩子們頓時捨不得，讓爸爸這麼快就離開身邊。雙連團隊除了在一旁持續協助，也立即提供一間家屬陪伴房，讓家屬們能有休息的空間。明妙院長回憶，「阿公住院到最後隨時需要依賴氧氣，回到中心後是使用氧氣筒，然後人工按壓甦醒球來供氧，才能維持生命徵象。」隨著時間過去，中心的備用氧氣筒也將用盡。

「那時剛好又碰到節日連假，廠商休息，所以無法像平常請廠商立即供貨，但我們也知道，絕不能在此時硬生生打斷家屬們與阿公最後的相處。」因此最後拜託供應商特別幫忙到處調氧，「那時只想著即使是價格高些都沒關係，我們就盡力做到自己能做的部分。」

最後，在回到中心十個小時後，林阿公在安詳平靜的情況下，回到了天家。後續的告別禮拜，家屬也選擇在中心的教堂進行，讓阿公生前在中心的好友們能夠方便參加。明妙院長說，「阿公的兒子在告別式致哀謝的時候說，『……非常謝謝雙連安養中心的協助，在這十小時中，我爸爸幾乎快用光了中心內的備用氧氣，但也很感謝因為有了這十小時，我和我的姊妹們從此沒有遺憾……。』」

「平安，就是不讓人的心中留下遺憾，這樣不只讓生命有喜樂，也能給人真正的安心。」明妙院長說起了另一位黃奶奶的故事，「這位奶奶的兒女都在國外，一開始是她和女兒帶著罹患失智症的先生從美國回台入住中心，後來奶奶也住進安養區。」

奶奶的先生早幾年安息離世，在老伴離開後，奶奶的身體也隨著年齡慢慢的衰退。「某天晚上，奶奶就像平常那樣，晚餐吃飽後，照顧者先陪著她散步，接著帶她回房間洗澡、上床休息。到了晚上八點多，照顧者想叫奶奶起床吃藥的時候，發現她已經在睡眠中安息了。」

您放心！有我們在

照顧者連忙告知護理站，而護理站也很快通報給院長，並越洋通知女兒。「接到消息的時候我還在辦公室，就趕快到房間去探望，看到奶奶的面容是很安詳、很平和的。」於是院長再度電話聯絡家屬。

在一開始接到護理站的通知時，奶奶的女兒本來有些焦急、激動，「她說我們做小孩的都不在，一時也趕不到，那媽媽該怎麼辦？」明妙院長就跟她說「姊姊，您放心，有我們在！我們會做最好的協助。」院長又說，「我告訴她，媽媽離開的情況與面容是很平安的，並在家屬授權同意下，我們就先幫奶奶換衣服、簡單梳妝，且同仁輪流陪伴長者，直到台北的親友趕到、禮儀社接走大體。在這當中，也即時把這些過程都告訴女兒，讓她知道媽媽一直有被好好的照顧陪伴著。」

成為需要者的幫助

「何其榮幸，雙連能夠在長輩及家屬最需要時成為幫助與祝福。林阿公的兒子說他和家人從此『沒有遺憾』，黃奶奶的女兒也分享，當她聽到『有我們在』時，就感到無比的安心。」在雙連照顧團隊的心中，能看到長輩與家屬都領受到真正的平安，這讓同仁們更有動力站在各自

明妙院長表示，「提供需要者陪伴與幫助，期待讓更多人認識上帝的愛」是雙連安養中心很重要的核心價值

的崗位和角色上，持續為長輩們提供服務。

「即或因著大環境、政策方向與設立背景的不同，雙連安養中心的規模及經營模式與一般機構可能也有所不同，然而我們仍很樂意和外界分享在過程中獲得的知識、經驗與看見。」明妙院長說，每個機構都有其獨特的背景與脈絡，這也讓雙連安養中心的經營模式或許無法悉數複製，然而藉著理念與精神的傳遞，如能讓更多

人體會並一起努力妥善的照顧、支持長輩，「這同樣也是一種榮神益人的方式，也是我們應該積極去做的事。」

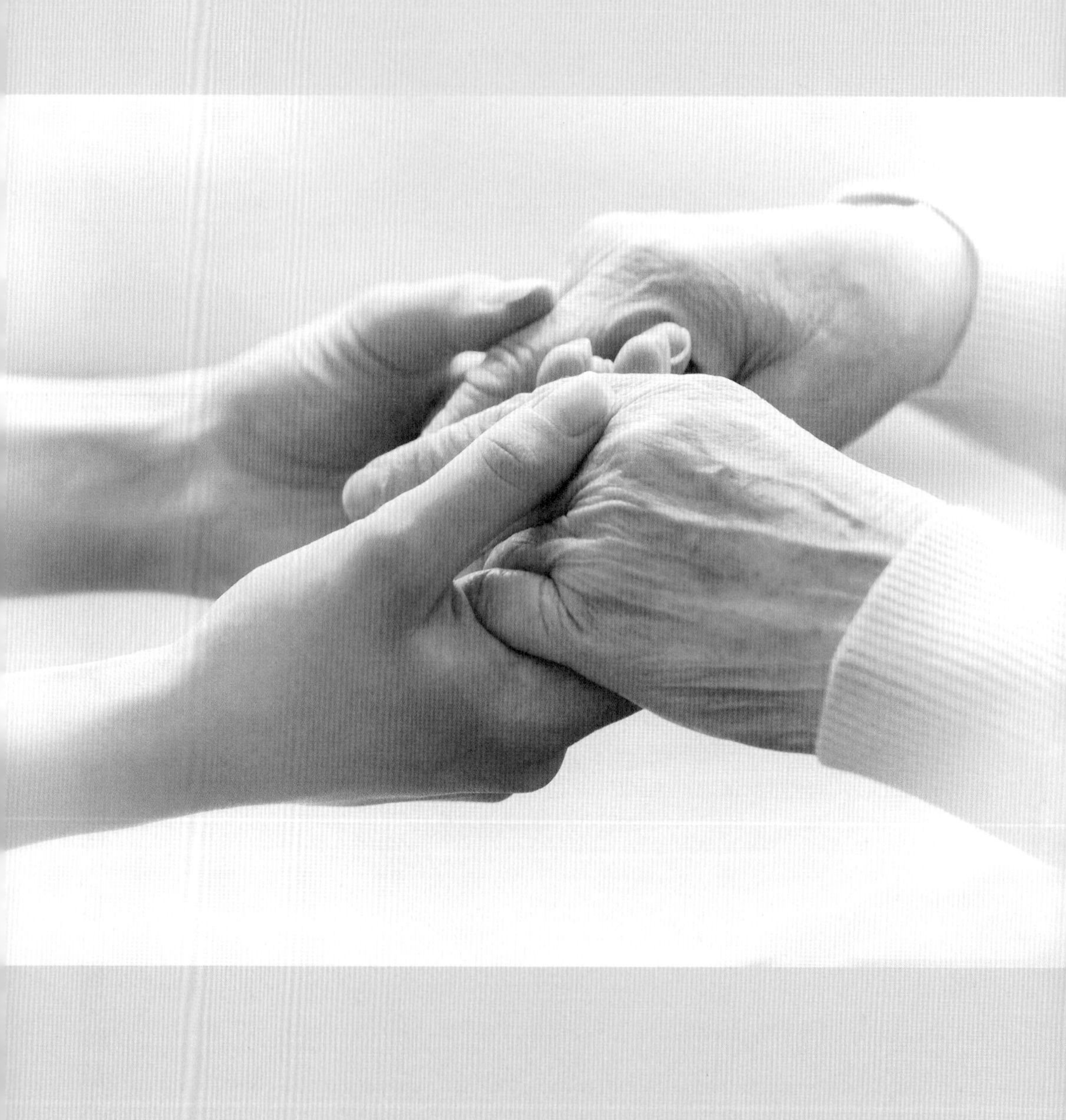

第二部

翻轉老化刻板印象，閃耀溫暖和煦光輝

《聖經詩篇》中提到：「雖然我們外在的軀體漸漸衰敗，我們內在的生命卻日日更新。」年長者可以傳承自己的人生信仰與歷練，為兒孫晚輩及眾人持守禱告，阿公阿嬤的生命因此成為大家的祝福，這是對他人的貢獻也是值得自我肯定的地方。

白髮是榮耀的冠冕，本單元呈現許多長輩感人的生命故事，與在雙連安養中心精彩的生活片段，並透過足夠的愛與關懷服務以及各種活動課程的提供，爺爺奶奶能過著充實又平安的生活，得以頤養晚年。

勇於追夢、與時俱進，在老年時喜樂歌唱

——陳阿治阿嬤的故事

對於安養中心的生活，阿治阿嬤有著自己獨到的詮釋：「很多人在入住後一直覺得被遺棄了。說實在的，孩子對於放一個老人在家也會不放心，那還不如到安養中心來，會有人陪伴和照顧。我們都要放下舊觀念，要跟上時代的腳步，心情才會快樂、也才能在這裡安定的住下來。」

現年九十二歲，從雙連甫成立就入住至今的陳阿治女士，對於退休後的安養生活，感到無比的歡喜和知足。生活中，阿治阿嬤除了喜歡待在房間看NHK與好消息電視台來吸收新知，也喜歡運用文字來記錄與抒發心情。

阿治阿嬤接連用閩南語誦讀了兩首作品：

「淡海三芝後厝庄，雙連安養好所在。
天父特選迦南地，關懷長者的徛起。
忠僕美麗同作工，建設高級安養所。
南北踴躍來參觀，來賓欣慕謳樂讚。」

以悠揚聲調誦讀自己寫的詩句，阿治阿嬤談到在雙連安養中心的生活滿是喜樂

「清晨起床運動，還能微微看見一些夜晚發光的星空；眼看天就要亮了，我仰望天、遠望海，覺得自己能生活在這片被山海圍繞的美景真是幸福。同時，我也仰望大教堂上的十字架，想到主耶穌為人的罪釘十字架，這是何等犧牲的愛，讓人不禁深深感動。」

阿治阿嬤在二十年前就和社會所持的觀念不同，她聽過教會的介紹報告後，就覺得在安養中心度過晚年應該是個很不錯的選擇。她認為：「新時代要有新觀念啊，加上前後有兩次機會能到中心參觀，我就自己做好決定，填完報名表、付了訂金，就決定搬來這裡住！」

入住時間一到，阿治阿嬤就與四位好朋友歡喜地結伴搬入雙連安養中心。她記得一開始住的是一期三樓，因著早先入住的長輩不多，大家很容易就彼此認識、打成一片。

「落成後的兩三年間，所有人就像大家庭一樣不分彼此、互相照顧。也因為關係都很緊密，所以也不會有什麼八卦亂傳。我還記得當時有一位醫師娘，來這裡住卻完全不擺架子。而且她很喜歡聽音樂，邊聽還會跟著節奏跳起舞來，有時間也會教大家作手工，想到就覺得很有趣又很懷念啊。」

勇於追夢、與時俱進

退休前，阿治阿嬤長期在馬偕醫院從事護理工作。成為護理師，則是她從國小時就放在內心的願望。她還記得國小時，音樂老師會帶全班同學去中山堂進行勞軍的合唱表演，那時現場都會有護理師在一旁待命，以照顧大家的健康；那身著白衣、戴護士帽的身影，讓年幼的阿治不由得肅然起敬又深受吸引，「我要當護理師！」的念頭就在心中悄悄發芽。

一九四七年（民國三十六年），阿治阿嬤小學畢業後，毅然決定實踐自己的護理夢想。當時台灣的護理學校錄取名額極為有限，但她在因緣際會下知道馬偕醫院正在召募訓練護理人員，阿治阿嬤報名後如願錄取，並於完成三年的訓練後順利畢業，開始她的醫院工作生涯。

「那三年是很紮實的半工半讀歲月。早上有馬偕醫院的外籍護士帶領我們在醫院工作，下午和晚上則是唸書學習的時間。醫院安排學生要在內科、外科、婦產科輪流實習，以熟悉更全面的護理技能。」

「畢業時醫院會看學生的成績，有達到標準就會詢問我們有無意願繼續留在醫院服務。即便農業時代女生都選擇比較早婚、留在家庭，但我選擇繼續當護理師。出社會後，我先在馬偕醫院的開刀房工作一年，後來轉到眼科就做到年滿退休，最高的時候有當過眼科部的護理負責人，協助各種大小事項。」

做志工，探望有需要的人

延續在職場上磨練而得的獨立自主個性，阿治阿嬤卸下護理師的職務後，主動為生活安排了各種活動。她除了在教會幫忙打掃、插花、探訪，也到身障機構當志工，協助環境整潔維護與物品的清洗，另外還在仁愛醫院擔任志工。

「早年的時候環境比較不好，生活難免有很坎坷的時候，幸好當時

仔細整理好的資料簿裡，放滿阿治阿嬷的生活紀錄

能到馬偕醫院工作，除了有薪水可以過生活外，也藉著醫院同事都是基督徒的緣故，使我得到很多的安慰與幫助。有信仰也讓我萌生另一個念頭，就是退休後要在教會有更多服事，也要利用時間做志工回饋社會。」

看到阿治阿嬷的熱心服務，教會推選她擔任長執。而這樣的肯定與託付也讓阿治阿嬷願意花更多時間、更辛勤地去探望有需要的人。

「還記得，那時我常去看

一位獨居的阿嬤。每次去就幫她買一點生活中用得上的小東西，然後和她一起唱詩歌、陪她聊聊天。都是很快樂的回憶啦！」

住到雙連後，即便以往的志工工作陸續停止，但阿治阿嬤仍舊延續自己熱愛服務人的個性，轉而在中心松大課程開設「喜樂歌唱班」，每週三早上用聖詩或老歌來陪伴好厝邊們渡過愉快的時光。

讓年歲的智慧發光

「喜樂歌唱班」代表的不只是陪伴他人的心意，更是阿治阿嬤不斷調整心態、與時俱進的實踐。在多數人的觀念中，會將安養中心以「老人院」稱之，然而阿治阿嬤認為，這樣的說法代表了負面的貶意，她希望讓在雙連一起居住的厝邊們，有不同的感受。

「這麼多年來，我曾看到很多人在入住後，一直覺得被遺棄了。這種想法讓人想不開，心情不好就每天一直哭；我開喜樂歌唱班就是要讓大家放鬆、開心一下。說實在的，現在白天大家都在工作，家裡除了自己之外也沒別人在，孩子對於放一個老人在家也會不放心，那還不如到安養中心來，會有人陪伴和照顧。我們都要放下舊觀念、要跟上時代的腳步，心情才會快樂，也才能在這裡安定的住下來。」

也因著安定的心境，讓阿治阿嬤對老年的安養生活有更多的參與和創造。在二〇一九年的母親節走秀活動，她帶著五十年前從日本百貨公司購得的漂亮娃娃上台表演，透過口白與動作，和人分享了她的生命故事。

「娃娃說，五十年前阿嬤把我從日本東京帶回來給她在念小學的女兒。當時女兒收到禮物好喜歡、好喜歡，每天走到哪都帶著，還要娃娃陪她睡覺。女兒長大後又把娃娃傳給阿嬤的孫女，後來孫女也長大工作了，娃娃就又回到阿嬤身邊陪伴她，阿嬤現在過得很歡喜、很知足感恩……」

延續在雙連居住時喜樂平安的心情，阿治阿嬤談到兒孫們也是一臉滿足，她感謝地說：

「孩子都很乖，不管是學業還是工作都有很好的表現和發展。本來他們三個都會一起來看我，但我跟他們說『分批來啦！』不然一次要和很多子孫講話我也很累。後來他們就都講好，輪流在固定時間來看我。看到他們都平平安安的，就是我最開心與安心的事了。」

照顧自己、成為助人的亮光

——吳師摩爺爺、李雅雅奶奶的故事

年輕時旅居各國為工作打拼，忙碌了大半輩子之後，師摩爺爺與雅雅奶奶於晚年時返台，入住雙連安養中心享受退休生活。然而，在恬淡的日子中，倆人除了照顧好自己，也把握機會成為幫助他人的亮光。

雅雅奶奶提到：「趁著還可以的時候，盡量多做些還能做的事，可以幫助別人，內心覺得非常歡喜。」

吳師摩爺爺與李雅雅奶奶兩人婚後互相扶持、攜手走過了半個世紀。師摩爺爺年輕時營商有成，時常忙碌的跨國出差，巡視公司的營運狀況，而雅雅奶奶則是包辦打理生活中的大小事務，兩人各司其職，成為彼此最好的陪伴。

談及工作，現年九十多歲的師摩爺爺條理分明的回憶過往，早在一九六〇年代，師摩爺爺與好友先到泰國創辦與食品有關的化工工廠，七、八年後開始到印尼設廠，一切都順利。

攜手半世紀、行遍各國

師摩爺爺與雅雅奶奶有四個孩子，為了子女的教育，於一九七〇年遷居到新加坡，因為新加坡的教育為英語與華語雙語並行，能為孩子奠定很好的教育基礎。至一九八二年，為了孩子的高等教育，全家決定移民美國，讓孩子學習自立，師摩爺爺則美國、亞洲二邊跑。

師摩爺爺接著補充，「每次的旅行都會有不同的小狀況，也很常遇到大大小小的安檢。但我們還是很常回來台灣，幾乎是每年都回來。還記得大概在十七、八年前，有次回來就到雙連安養中心來探望表哥、表嫂，他們倆人從中心剛落成、正式開幕前就入住，我們對這裡就有很好的印象。又過了幾年，我們再一次到雙連來拜訪表哥夫婦，當時中心的

提到年輕時長途飛行的辛苦過程與趣事，師摩爺爺與雅雅奶奶不禁笑了出來

二期大樓完工，我和雅雅就順道參觀了一下，看著看著，那時，就有個想法浮出來『怎麼不搬回來這裡住？』」

落葉歸根、休養生息

促使夫婦倆將想法付諸行動，乃是在一九九〇年七月的例行健檢中，師摩爺爺的健檢結果異常，「那時報告顯示，前列腺有問題，結果發現有前列腺癌，就設法轉到『M.D.Anderson cancer center』醫治，因為是末期初級（註：Stage D0）近三十年，經過檢查、加上藥物、放射性治療、化療、新的試驗藥物等，能拖到三十年是奇蹟。」

因著自己是癌友的身分，師摩爺爺與雅雅奶奶於一九九二起開始參加休士頓美國癌症協會，主要是關懷在美國的亞洲患者；休士頓華人教會的一些長老與醫生也組織「癌友關懷網」，師摩爺爺與雅雅奶奶均有參與，許多初患者會與師摩爺爺聯絡、詢問意見，到現在他們都還繼續這個服務的事工。

「生病後就慢慢退休啦，以前就沒有抽菸喝酒的習慣，但退休後就是讓生活更規律與正常。」回到台灣，師摩爺爺與雅雅奶奶先在雙連家屬陪伴房試住幾天、適應環境。在三天的體驗過後，師摩爺爺與雅雅奶奶就決定繳訂金，在二〇〇七年初時接獲通知入住。

師摩爺爺回憶當時說：「先住了三天，我和雅雅都覺得環境很好、背山丘面海、空地大、樹木多，中心內還有健身器材、撞球和桌球等設備。而且有美容室、卡拉OK室、牙醫室、圖書館兼電腦教室、咖啡

閱讀書報也成為師摩爺爺日常生活中的樂趣

廳等。每天早上也有三十至四十分鐘的早操，能讓我們定期活動筋骨。中心各區也都有醫務站，還有洗衣服、打掃房間的服務！最重要的是中心的養護區有二十四小時照護，即使吞嚥有困難也能獲得完整的照顧！而且我們最喜歡這裡的早餐，有熱騰騰的白粥，早上吃粥暖胃就會覺得很舒服，這裡每天都有人先幫我們準備真好。」

回應丈夫，雅雅奶奶笑著應和：「我們都早上五點多起

從小學習音樂，雅雅奶奶目前也在松年大學開班授課

床，梳洗後就先開始健走運動，也都會盡量參加早操。師摩在工作上什麼都自己來，但平常生活就要有人看著他；其實他身體一直沒有很好，癌症過後又因為心律不整裝了調節器，心臟也裝了一個支架，每天都得吃很多藥，我就盯著、確定他都有顧好自己。」

動靜皆宜的自在晚年

忙碌了大半輩子之後，師摩爺爺與雅雅奶奶已經在中心居住十多年了，夫妻倆依然在目前的恬淡生活中，成為幫助他人的亮光，只要中心的鄰居們有問題請教他們，一定有問必答，尤其是有關生病、吃藥等問題，「太多人都忽略自己在吃的是哪種藥，可能都沒有仔細看說明，沒注意到要留意的事項，我就幫他們看藥袋上的說明，加以解說。」

自小學琴加上在音樂專科學校畢業，擔任多年老師的雅雅奶奶則是在松年大學開課，最初是教有興趣的人視譜，後來則將課程做更生活化的改良，期待讓人透過音樂，能使五感更加協調。

雅雅奶奶提到：「我們都是基督徒，八十多年來的信仰教導我們知足，對於生病或死亡這類會讓人覺得很緊張的事情，在我們的眼中看來卻覺得很平常。」

「因為沒有人能預知明天的事情，所以我們就趁著還可以的時候，盡量多做些還能做的事，可以幫助別人，內心覺得非常歡喜。」

退而不休、年老也持續發光

——郭嘉川牧師的故事

從年少時就開始全職擔任傳道人，年老後郭嘉川牧師夫婦一起在雙連安養中心展開新生活，也藉著在中心松年大學及分堂的授課，延續了自己一生的職志。他們說：

「以台灣的觀念來看，我們很容易會認為如果讓父母住到養老院就是不孝。但我們實際參觀過，覺得環境很不錯；實際上住了幾年，也認為當初的決定是對的。」

三年多前郭嘉川牧師、翁碧鸞師母一起住進了雙連。以郭牧師夫婦都超過八十歲的年紀而言，兩人本想就在雙連好好的休養生息，也讓女兒們不用為自己的生活掛心。沒想到郭牧師並沒有暫停服事的腳步，除了在中心內的松年大學及分堂開設聖經講解課程，只要大台北地區有教會邀請講道，郭牧師幾乎都會毫不猶豫地答應前往。

退而不休、細說年少

「上帝掌管我的一生，從我十八歲起決心要全職擔任傳道人之後，我就和上帝禱告，只要我還能站、還能說話，有任何的服事機會都不要隨便推辭。」

回顧自己超過一甲子的傳道歷程，郭牧師提到自己是家族中的第三代基督徒，因著自小在教會中長大，耳濡目染之下他也早早立定傳福音的志向。

「年輕的時候想要報考神學院，可是我沒有念到高中畢業，缺少畢業證書就不具有報考資格。一開始雖然覺得很可惜，但我轉個念頭，就開始四處找尋願意讓我應試、就讀的神學院。幸好我在台中找到由中國佈道會成立的『台中聖經學院』，順利入學後我也很珍惜這個機會，如期畢業、開始我當牧師的工作。」

從神學院畢業後，郭牧師先是就近到住家附近的長老教會牧會，也在教會中遇見翁師母，兩人決定攜手一生，共同為傳揚基督信仰努力。「工作一陣子，也結婚後，本來以為就會穩定在一個教會待到退休，但那時中國佈道會邀請我去高雄岡山，在當地開啟全新的傳道工作。想了想，雖然很具挑戰，但我和師母還是答應了，就舉家南遷。」

順應改變、隨遇而安

郭牧師與師母建立岡山聖道堂，並在此牧會十三年的時間。看著教會不斷成長，也讓郭牧師起了再進修提升自己的念頭，「我就到美國去留學兩年的時間，回台後看到岡山聖道堂很穩定了，就改到中壢聖德基督學院擔任聖經教師。本來以為這也是個過渡而已，沒想到一教就教了十年。」

從年少到年老，郭嘉川牧師、翁碧鸞師母攜手一生，共同為傳揚基督信仰努力

郭牧師認為上帝總是有祂的安排和計畫，身為傳道人夫婦，牧師和師母能做的就是不斷調整自己，以適應隨時到來的改變。郭牧師笑著回憶：「教書的階段性任務結束之後，因為女兒們都在台北念書，我們就也從桃園搬到台北，一開始先在天母感恩堂兼職牧會，越來越穩定之後就在教會全職，一待就待了二十三年之久。」

「一路走來其實挑戰很多，但也一直在當中不斷有值得感恩的事情發生。」郭牧師說，從長老教會開始，到前往岡山開拓教會的階段，他都習慣用台語講道，直到去聖德基督學院教書，才開始練習用國語來講解聖經，而這種國台語兼備的講道能力，也為他在天母感恩堂及日後的各種服事中帶來很大的幫助。

找一個地方安定下來

「卸下感恩堂牧師的職務，我還應邀到台北行道會牧會六年的時間。」在結束行道會的工作後，六十八歲的郭牧師選擇退休，一開始最單純的計畫是前往美國和女兒女婿一起住，也幫他們照料兒孫、打點家務，然而台灣、美國兩地的教會講道邀約仍是不斷，郭牧師也就盡其所能的貢獻己力，為了傳道工作在各地四處奔波。

起初郭牧師夫婦就輪流在三個女兒家中居住，但隨著他們開始產生更多的照顧需求，也希望能在一個地方安定下來，就開始思考退休生活的其他可能性。

「以台灣的觀念來看，我們很容易會認為如果讓父母住到養老院就是孩子大大的不孝，最初當我們提出這個想法時，其實大家都需要一些觀念上的磨合。」郭牧師表示，他有一位同學的母親也是住在雙連，印象中這是個很適合長輩居住的地方，便決定邀家人們一起來看看，實際

郭牧師說起自己一生四處傳道的精彩歷程

參訪園區後再做最後的決定。

生活充實，健康更好

「當時大家來看過之後都覺得環境很不錯，我們就登記排隊入住，還好沒有等太久就有搬進來的機會。實際上住在這裡幾年，也認為當初的決定是對的。在這裡住上一段時間，我們的健康狀況也都變得很好。」

郭牧師介紹，中心內除了有足夠的活動空間能讓人自由走動，松年大學的課程也能讓長者持續充實自己、生活一點也不會無聊。再加上中心會定期有醫師、牙醫駐診，也會固定安排長輩健康檢查，讓人能很安心的在此定居。

「我和師母也覺得，這裡的三餐都安排得很好。只要照著吃，營養一定都是足夠的。再加上女兒有時會送來滷蛋、新鮮鱸魚等食物，蒸一下、熱了就非常好吃；我們偶爾幫自己加菜，每天都吃得很飽足、很開心。」

郭牧師說，我是學宗教兒童教育出身，出過幾本和這主題相關的書

善用能力、持續發光

適應了安養中心的生活後，郭牧師也善用自己的專長，在中心的松年大學及分堂開設聖經課程。牧師笑著說：「其實我是學宗教兒童教育出身的，以前在神學院教的課程也是和兒童有關、出過幾本書同樣也是這個主題。」

「在雙連居住的長輩們平均有八十五歲，所以我就想，這個聖經課程要像成人主日學，而不是很困難的神學課。」

第一次開課，郭牧師帶大家看的經卷是〈羅馬書〉，接著課程主題則轉到四福音書上，也曾以聖經人物故事為題，以多樣化的方式來帶領參與的人一起來認識耶穌。

郭牧師說，從年輕時在台中聖經學院和沈保羅牧師學習如何講解聖經，「老師都跟我們說，你只看五遍而已怎麼敢開始解經，要看十遍、五十遍，滾瓜爛熟了才會真的有領悟和心得。」

「現在雖然大家年紀大了沒辦法在課堂上寫很多東西，但因為我已經熟讀經節、也抓到要點，能透過大綱就讓人能掌握內容。我還會繼續一直開課，也要邀請生活中遇到的左鄰右舍來參加。」

運用生活歷練、回應內心熱情

——林贊煜牧師的生命故事

贊煜牧師決定在雙連安養中心定居前，他曾經很認真地禱告和思考要如何安排生活。在那段期間中，他發覺自己雖然年紀大了，但對於傳福音的使命感仍然存在，也想利用過去照顧牧師娘的經驗，引領更多人走過低潮。

「從信仰的角度來看，這些都是上帝帶著我們做的事。在這些看來很微小的工作中，很高興我在這樣的年紀時，還能或多或少成為別人有需要時的幫助。」

為心靈充電，開始美好的一天

清晨，長輩們趁著天剛亮但還帶有涼意的時候，一群人相偕在安養

贊煜牧師（中）會在晨間健走結束後，帶著參與的成員一起晨禱，做為一天美好的開始

中心的戶外園地裡健走。甫退休不久的林贊煜牧師也參與其中，他總會趁著大家走了近一小時後，坐著歇息與聊天的時光，帶大家齊聲做個簡短的禱告，為心靈的需要充電。禱告後大家會相偕前往餐廳，準時在七點享用早餐，正式開始美好的一天。

贊煜牧師說：「六年多前，退休後我和牧師娘一起住進安養中心，直到牧師娘先安息回天家後，我就開始把時間和心力用來關懷週遭的左右厝邊。『牧師』這樣的工作是沒有退休的，我喜歡把信仰的理念和日常生活結合，藉著接觸更多人，希望能讓更多人有機會認識耶穌。」

贊煜牧師回顧退休前的牧會生涯，那是一段四處奔走，卻也忙得很有價值、很開心的日子。「工作時，多數時間都在長老教會當牧師。先在苗栗長老教會牧會十五年，接著到美國大波士頓台灣基督長老教會也待了十五年，然後我應邀去幫助一間廣東人在美國建立的教會七年之久，一路上都經歷許多值得感謝的事。」

「神學院畢業、剛到新埔就任的時候，我接觸到一位患血癌的青少年，那時我與教會同工們持續去他家探訪、關心了半年之久，雖然過程中這位青少年的病情逐漸好轉，但他與父母最終仍沒有受洗的意願，可是我覺得沒關係、也不灰心，做人做事就是有盡到自己的本分就好。」

帶著這樣的熱心，贊煜牧師與牧師娘兩人陸續吸引更多人走進教會，「牧師娘以前學的是幼兒教育，所以她很喜歡小朋友、總是對每個孩子都非常好，這讓很多家長與孩子們願意參與教會的活動，也讓我們開始產生擴建硬體設施的想法。藉著實際規劃、找資源完成構想，都讓我們過去學的不僅是書中理論，更是能應用在生活中的知識。」

照顧老伴，身體吃不消

贊煜牧師與牧師娘的牧會理念，不僅讓苗栗長老教會有很好的成長，兩人前往美國後，同樣也引領當地教會克服難題、持續發展。隨著在美國的工作與生活越來越穩定，孩子們在美陸續出生，家族成員也紛紛僑居美國後，贊煜牧師原以為自己就會在美國終老，沒想到牧師娘於七十歲罹患失智症，讓倆人的晚年生活都面臨巨大的改變。

「失智初期，我還可以自己打理牧師娘的起居。剛開始她會隱約知道你是誰，但沒有辦法叫出你的名字；隨著失智狀況越來越嚴重，她的生活自理與行動能力完全退化，走路時接連跌了兩次，我就知道需要有人隨時在身邊陪她、照顧她。」

贊煜牧師在家照料牧師娘七年，在這段時間中，看著牧師娘一天天

贊煜牧師以老照片思念牧師娘，能一起在雙連安享晚年

忘掉所有事，「我覺得我自己都快要得憂鬱症了，而且長時間照顧病人也讓身體吃不消，短時間內就瘦了六公斤。」為此，家人們希望贊煜牧師可以過著健康快樂的生活，也希望牧師娘能得到足夠的照顧，即便內心覺得很捨不得，仍安排倆人返台到雙連安養中心定居。

「我們和孩子間的關係非常好，所以我知道，孩子們真的是不放心父母自己在家。思考過後，我也知道自己需要一段時間休息、好好恢復身體的元氣，所以我們就在二〇一三年的時候住進雙連。」

「也覺得很感恩，牧師娘回來安穩的住了兩年半就安息。走之前的最後一段時間，雖然面對敗血症的問題，但在過程中都得到很好的照顧，我知道她沒有因此受苦。陪牧師娘走完她的人生旅程後，我有再回到美國一個月，那時就輪流住在孩子與兄弟姊妹的家。」

善用所長、回應使命

「那段期間除了探望大家之外，同時也在持續禱告和思考我要怎麼安排生活。這時我發現對於傳福音的使命感仍在，就覺得回來台灣也很好，再加上過去照顧牧師娘感到心力交瘁、憂鬱的感覺，也讓我更有想要帶人走過低潮的動力，所以在雙連，我除了過著愜意的生活，也更積極的去關懷有需要的人。」

目前贊煜牧師也是他居住樓層的「樓長」，有時會居中協調長輩間的不愉快或衝突，「像有一次我就在晚上十一點多接到電話，辦公室主任問我說『睡了嗎？有兩位阿公因細故起了衝突，想請我去和他們聊聊。』」那次是一位阿公認為對方進房間拿了他的錢，而對方聽到指控後，一氣之下就想拿枴杖打人，這時贊煜牧師的協調方式不是當審判官詳查經過，因他知道很可能只是場誤會後造成的糾紛。他選擇先安撫兩方，知道他們都是基督徒後，就帶著大家一起禱告，也勸兩人和好、各退一步，因為住在這個大家庭中，彼此和睦是所有人都樂見的好事。

「另一次則是認識一位從南部搬上來的阿公，他九十多歲了，看到他從住進來之後，就常愁眉苦臉的坐在一旁、不發一語，我想他應該有很多心事，我就常常刻意坐到他旁邊、和他聊天。知道阿公覺得自己好像被子孫拋棄，我除了用好幾個禮拜帶他多認識別人，也藉此想讓他知道，其實住進來之後，就像進入另一個家庭當中，每個人都很樂意和別人做朋友，一點也不孤單。」

不只在生活中關心鄰居，贊煜牧師也提到，有次他知道自己認識的一位阿嬤過世，她的親友雖已出發從國外趕來，但總需要幾天的時間。這時贊煜牧師就又重回牧師的角色，除了支持關懷阿嬤在雙連認識的朋友，也為阿嬤進行了一場告別禮拜，讓很多人及時得到安慰。贊煜牧師說：「從信仰的角度來看，這些都是上帝帶著我們做的事。在這些看來很微小的工作中，很高興我在這樣的年紀時，還能或多或少成為別人有需要時的幫助，這讓我內心也覺得很開心、很感謝。」

笑口常開、自在勇敢

——陳阮素蘭阿嬤的故事

「啊哈哈哈哈哈，不會老啦！這裡很多九十、一〇〇歲的長輩耶！」九十一歲的陳阮素蘭阿嬤順口唸起：「人生七十才開始，八十不稀奇；九十街路滿滿是，一〇〇笑瞇瞇。」這段俚語。她說來到雙連之前，總認為老人家沒事別住進「養老院」來；但自從她在二〇〇五年入住之後，慢慢覺得在安養中心的晚年是人生中最棒的享受，「兒孫對我都沒有掛慮，我也不用掛心家庭生活，這著是尚大的福氣！」

素蘭阿嬤出身自台南縣地區的望族，雖然幼年時正逢第二次世界大戰時期，世局不穩導致求學歷程常因戰事、躲防空警報而暫停，但有機會能接受教育的她，仍舊把握每個能上課的日子，「我小時候念虎尾女中，當時身體很健康，只要學校沒停課，我就絕不缺席！」

中學畢業後，素蘭阿嬤因父母主婚而認識了先生，等先生一九五五年自美國完成醫學專業的研修、學成歸台後，兩人就搬到高雄定居。先生開設外科醫院，身為長媳的她則在家打理家務、醫院和教會、照顧公婆及小姑、小叔。待先生退休後，兩人曾移民美國住上近二十年的時間，在這期間，先生在診所上班，素蘭阿嬤則協助照顧三個孫子，直到二〇〇四年先生過世，就決定搬回最熟悉的台灣來安享晚年。

在家裡跌跤，孩子掛心

「當年就是帶著先生的骨灰回台灣，都安排妥當之後，就很自然和兒子一起住啊。那時候兒子白天上班，孫子要去學校念書。大家都在忙啦，我就想在家幫他們做一些打掃、整理的工作啊，沒想到過沒多久我就在家裡的浴室摔倒。」

在浴室裡跌了一跤，讓素蘭阿嬤的腿跌斷了。原本要幫忙兒孫打理

素蘭阿嬤笑瞇瞇地說起過往，就算被診斷罹患癌症也不害怕

家務的好意，轉瞬間變成兒子和媳婦要想辦法來照顧媽媽。

「摔倒後就需要靜養，但平常的吃飯、活動，家裡住透天厝要爬樓梯有些不方便，那時因為我們家是基督徒，也都在第一教會聚會，就想說不然就申請來住雙連安養中心。」

七十七歲「入伍」報到

素蘭阿嬤笑著說，她是在七十七歲來雙連安養中心「入伍」報到的。她想起小時候離家求學，「十二、三歲的時候都是一路哭出門，每天哭、哭到假日可以回家那天。但現在不會啦，反正想到以前『草地囝仔』的生活和勇敢，加上很長時間住學校宿舍、和公婆同住，團體生活很習慣了，一下子就適應得很好。」

「只是那時候想到要離開寶貝孫仔，還是有點心酸酸的啦！人都是感情動物啊，當時孫子才剛上小學沒多久。不過我有觀察到，女生都比較勇敢、有比較好的適應力，因為我們都會自己打理生活，以前都堅強獨立習慣了！」

入住雙連後，素蘭阿嬤每天都幫自己安排了各式活動，她笑稱：「阮媳婦都跟我說『媽媽不要太認真、太急啦。』但我就是人家說的勞碌命啊，沒辦法安靜坐下來看電視，只要有一天沒事做、不是忙整天的，我晚上就睡不著。」

素蘭阿嬤說，家中從小只有姊妹倆作伴長大，妹妹從小的個性文靜、喜歡彈琴，在教會擔任司琴、指揮，而她則是遺傳到媽媽喜歡做女工的技藝，也因為長女的角色，很擅長打理家務與烹調整桌美食讓家人享用，

「很多人都誇說我做得比餐廳還好吃！像是香巢蝦、糖醋排骨、肉圓、炊粿、包肉粽我都很內行，自己煮一定比較真材實料，當然好吃啊。」

我一定會再回來！

或許是長期以來的忙碌與認真超過身體所能負荷，素蘭阿嬤提到，她在二〇一三年的時候被醫師診斷罹患乳癌，「我記得是七月十五日入院接受檢查，到七月三十日的時候醫師宣佈我得到癌症，檢查出來的時候已經是第三期末，要進到第四期了。那時候我還和上帝禱告說，我準備好要移民去天國啦，還請兒子媳婦來接我，我們一起回去把安養中心的房間退掉。」

那天素蘭阿嬤和醫院請了四小時的假，收拾完畢準備離開中心的時候，她剛好遇到當時擔任社工、現任院長的賴明妙與同工在院內散步，當時素蘭阿嬤笑著大聲和明妙說：「再會，我一定會再回來！」

「後來回醫院，我就跟醫師說我是『勇敢的阿嬤』，所有治療的好壞我都可以負擔，不用煩惱，儘管治療吧！」

按著醫師的安排，素蘭阿嬤先開始了一連串的化療與手術。療程途中曾虛弱到無法動彈，這也讓她一度以為真的要「移民回天國」了，所幸在家人的悉心照料，再加上自己不輕易放棄的樂觀，素蘭阿嬤最終仍完成治療，並在二〇一八年年底完成五年的追蹤、沒有復發。「醫師說我正式畢業啦，那我就照之前說好的，我又搬回雙連了。」

自由又規律，能動能靜的生活

重回中心的前一天，素蘭阿嬤還接到中心的來電，再次確認她的身體狀況是否需特殊的協助，「我跟他們說『沒問題啊！』很奇妙吧，我說到做到。」

素蘭阿嬤說，在這裡住久了，她很習慣、很喜歡中心內自由卻又規律的生活，「我每天大概都按時睡四、五小時，然後大概三點多就先起床讀經靈修來開始一天。接著為了身體健康，回診之外我都會參加早上

談到自己的拼布作品與上課趣事，素蘭阿嬤的臉上充滿光彩與笑容

的早操，結束後就有很多課程，像是固定會參加查經班、聖歌隊，不然我可以一整天坐著十二個小時，都在忙拼布。」

「媽媽如果還在世的話，她現在是一百二十六歲。媽媽年輕的時候很會刺繡、繡花，我喜歡做這些都是得自媽媽給我的教育。有時候也會想到，先生過世前祝福我要長命百歲，說要我多幫兒孫做點衣服。」

除了拼布包，更早之前素蘭阿嬤擅長各種服裝的設計與製作，喜歡購買相關書籍，參考樣式和配色後再自行加以改良。

勇嬤的拼布袋，送到全世界

「現在喜歡做袋子啦，有空就做，做好就到處送給人。我都說我的產品是『行銷全世界』，不只送給中心的牧師、院長、幹事、護理、行政同工，還有世界各地親朋好友來看我，同鄉的老朋友來也都一人給他們一個。」

「這兩年兒子曾問我怎麼不要繼續在家住，我說住這邊習慣了啊，可以專心讀書、做自己喜歡的事情，反正大家都會固定來看我，住國外的孫子也會定期通電話，還會跟我說：『Grandma，げんきお元気ですか。（你好嗎？）』，人生已經過去的時間多了、未來的時間少了，我就在這邊繼續做『快樂的勇敢阿嬤』享受人生，多好啊！」

綻放生命的優雅、從容不迫

——洪瓊瑤阿嬤的故事

總是對於周遭人事物抱持感謝和體貼，源自於瓊瑤阿嬤有著美麗的名字。瓊瑤阿嬤笑著提起，「父親跟我說，『瓊瑤』這兩個字的典故是源自於《詩經》。瓊瑤代表著很高貴的珠寶，在詩裡面也提到，受到人家的幫助，要記得反過來幫助別人。」當時阿爸跟我說的這個故事，就是叮嚀我要為別人想、不要隨便麻煩別人。

洪瓊瑤阿嬤與先生退休前都持續辛勤的工作，先生在台大教書，而她則在台北的紅糖公會服務四十一年之久，直到六十八歲才從職場退休。「年輕時都在打拼上班，我和先生大概五十多歲才開始想到要到處去玩、

瓊瑤阿嬤優雅地訴說生命中大小故事

享受人生。」

對瓊瑤阿嬤來說，兩個孩子都長大了，不需要父母再為他們擔心。面對晚年，她覺得應該要好好規劃時間、安排生活，不讓自己反過來成為兒女的負擔。趁著仍年輕力壯的時候，夫婦倆走訪世界許多國家，「像是有次就從美國一路玩到加拿大，十八天的行程裡去了十一個國家公園，記得看到大峽谷的美景好感動喔！那時看到景色很壯觀，我和先生以及嫂嫂一時興起還走到谷底參觀，來回四十分鐘的路程，雖然很陡峭，但我們還是順利的完成了。因為這是額外安排的活動，那時候我們就講好，誰走不回來的，我們就放他鴿子。」

除了美加兩地，瓊瑤阿嬤與先生也曾搭船到南美洲玩，但她最喜歡去的地方還是日本，「去過很多次啊，整個四國、北海道都去過，春天、夏天、秋天的景色都看到了。因為小時候受日本教育，所以覺得比較親切吧。」

遲暮將至，依然燦爛

各地遊歷，讓兒女不必為自己掛心外，瓊瑤阿嬤與先生的另一個安排則是住進雙連安養中心，讓自己能隨時得到充分的照顧。

「還記得，剛住進雙連的時後，認識了一對從日本退休後返台安養的醫師夫婦。先生因為有帕金森氏症的疾病，所以手會止不住發抖，有次他就不小心把碗抖到地上、摔破了，當時兩人好緊張，想要趕快幫忙善後；但社工很快就靠過來，笑瞇瞇的、一句話也沒多說的開始收拾。我在旁邊看到覺得好感動，一般人看到自己家的碗被打破，多少都會說上一兩句、或是有點不高興，但這裡的工作人員就只是很有耐心地請他們到旁邊休息就好，什麼責備也沒有。」

「還有，像我先生因為重聽，時常聽不見別人在說什麼，但這裡的每位工作人員，只要看到他，都會特別靠過來，在他耳邊聊上兩句，看到先生笑嘻嘻的，我也覺得很高興，就越來越喜歡住在這邊。」

不只是安養之所，更是自己的家

十三、四年前，瓊瑤阿嬤與先生初來乍到，對於這個以後要長久停留的地方難免仍有些陌生和拘束，但是透過員工們的笑容與愛心，讓他們的擔憂逐漸褪去，知道這裡不只是晚年安養的地方，更是自己的家，能夠安然居住。

「現在就都很習慣了，而且在這邊的生活更加規律。」瓊瑤阿嬤說，她都在晚上九點前準時入睡，隔天一早五、六點就精神飽滿的起床，但她考量到時間還早，不想打擾四周鄰居，所以她會到餐廳自己的座位旁，先動動身體、活絡一下筋骨，等到更多人都起床了，再按時間享用早餐、到樓下參與早操活動。「這是每天都要做的功課啊，會有老師帶我們活動每個關節，運動中也會要報數，就當作是在動腦。這一身的零件都用這麼久了，小毛病免不了啦，但就盡量保養、維持還可以活動的機能就很不錯。」

固定運動，年逾九十依然年輕

雖然走路慢了些、腳疼的老毛病也偶爾會發作，但每日固定運動的習慣，仍讓年逾九十歲的瓊瑤阿嬤面容看來依舊年輕。

「現在就是下樓梯的時候覺得比較吃力。大概是退休之後才迷上爬山，我們天天都會往山裡面跑，台北市的每座山大概都走過好幾次。直到有次腳痛去看醫師，檢查後說我年紀這麼大才開始運動，關節有點受傷，問我要不要開刀治療。那時醫師打個比方，說一樣的情況發生在年輕人身上，就像是引擎沒油，只要加油就又可以發動，但我目前的問題像是整個故障了，要拆開來手術修理才會好。但我說不要，反正有戴護膝，偶爾痠痛的時候動一動就好多了，不需要大費周章。」

「而且換個角度想，以前常曬太陽，所以我的骨質很充足，每次去檢查都說我沒有骨質疏鬆的問題。每個人的生命都是一樣的，總是有好的事與不好的事，有特別擅長的，就也會有相對的不足，但我這輩子遇到很多好人、好事，還是覺得很感謝啦。」

預立醫囑——從容的生命智慧

總是對於周遭人事物抱持感謝和體貼，源自於瓊瑤阿嬤有著美麗的名字。瓊瑤阿嬤笑著提起，「父親跟我說，『瓊瑤』這兩個字的典故是源自於《詩經》。瓊瑤代表著很高貴的珠寶，在詩裡面也提到，受到人家的幫助，要記得反過來幫助別人。」當時阿爸跟我說的這個故事，就是叮嚀我要為別人想、不要隨便麻煩別人。

年歲的增長為人增添更多對生命的智慧與從容。瓊瑤阿嬤對於生命的體貼不只運用在他人身上，對待自己也是相同的態度與優雅。除了看淡發生在身上的病痛外，瓊瑤阿嬤從手袋裡拿出隨身攜帶的紙條，上面

瓊瑤阿嬤對於生命充滿體貼與豁達，很早就預立醫囑、為自己做好安排

以預立醫囑的方式，寫下「若發生需要用人工呼吸器始能維持生命時，請不要採取任何急救的措置，讓我自然歸去，謝謝！」

走得平安歡喜，真好！

瓊瑤阿嬤說，「知道自己的名字典故後，就有報答別人、不要浪費的觀念。不論是公保或健保，也都不要隨便浪費資源；況且老年時靠著呼吸器活著，也沒太大意思。」

「先生比我早走一步，他過世前一直都有在吃藥治療，結果藥吃太多了，導致胃出血。那時候醫師來病房看他的時候，就說如果胃的問題沒辦法治好，那身體就沒有辦法吸收營養，最後會有很多問題陸續跑出來。」

「當時先生聽了就說不想繼續治療了，那我們就請醫院幫忙轉到安寧病房。一到病房之後，醫師就跟我們說想吃什麼都可以吃，不用再有顧忌。我們先是買了蚵仔麵線讓他解饞，在這最後一禮拜的時間，他就很快樂地把想吃的全部再吃過一次，最後走得平安歡喜，真好。」

閱歷廣闊，仍存謙卑、樂在生活

——楊鎔鑑爺爺的故事

鎔鑑爺爺早在一九六五年就辦理移民，勇敢的帶領全家人前往阿根廷開創新生活。在當地除了經營事業外，也熱心於幫助華人移民。年老時，鎔鑑爺爺決定與太太攜手返台定居，他說：「很高興一切的苦日子都過去了，現在覺得能在雙連安養中心居住，也全是恩典與賞賜。」

楊鎔鑑爺爺在自傳中謙卑的稱自己是一隻「感恩的小羊」，他說因為羊兒是最沒能力保護自己的馴良動物，全是倚靠著牧羊人的捍衛與保護，才不至於被環境中的財狼虎豹所侵。因此當他在九十多歲的高齡回看過往，「心中的想法就是不斷地感恩再感恩。」

牧羊之家

楊爺爺接著說起自傳封面，「圖片是萬中選一的，剛好找到了一張有兩隻大羊、三隻小羊在草原上的畫面，這就像是我們一家人，有我、內子，還有三個小孩。特別小的那隻羊被其他同伴保護著，如同我最小的女兒，成長過程中總是有兩個哥哥在保護她。」

草原對楊家來說同樣別具深意。楊爺爺早在一九六五年就舉家移民阿根廷，一家人在座落於彭巴草原上的國度生活了四十七個年頭。「那時台灣社會的工商經濟不振，移民南美洲是很熱門的選擇。我便做了決定，如果移民手續能辦理妥當的話，就全家出國去。」

「覺得很感謝，移民手續出乎意料的很順利完成。然而若以台灣為中心來畫等距線，阿根廷是離台灣最遠的國家。」在交通尚不發達的年代，沒有直航的航班可選，要多次轉機的話則需花費鉅資，因此楊家決定搭乘定期航行的客貨輪，花上兩個月的時間抵達日後的家園。

楊爺爺曾出版自傳《感恩的小羊》，記錄自己豐富的人生閱歷與感悟

心存感謝、學習付出

楊爺爺回憶，在長達六十天的航程中，除了放眼所及盡是無邊無際的藍天白雲外，「美景一開始看了覺得很新鮮，但是幾天過後，在活動空間有限的輪船上，各種人生百態表露無遺。」

當時的移民熱潮中，首選國家是巴西，只有楊爺爺與其他兩戶人家，以及一位單身人士選擇在阿根廷落腳，「看到巴西的台籍移民們已經有了很好的組織，也做出相關文宣、學習單來幫助新移民融入當地生活，這除了讓我們感到欣羨外，也決定要組織聯誼會，希望大家住得近，就能彼此幫助和聯絡，我就成為聯誼會章程的起草人。」

「後來聯誼會的名稱就訂為『自由華僑聯合會』，一方面希望大家都還能聚在一起，不只有個照應，也維持中華傳統文化與習俗。另一方面，則是要幫助大家能融入阿根廷當地社會，瞭解他們的法規、也知道怎麼和當地人溝通。」

凝聚成年人的交誼之後，楊爺爺也考量到孩子們同樣須傳承固有的文化根基，再加上他察覺到華文是世界上最多人口所用的語言，「讓孩子們能學會中文也是必要的課題，這也能幫助兩代之間有更好的溝通，這促使我和其他有相同看法的友人們商量，遂發起在當地創辦第一所中文學校（即阿根廷中觀僑聯中文學校初期）。」

創校之初，華人家長與孩子們都提不起學習中文的興趣，「初期只有兩班，二十多位學生，當時為了開創風氣，老師們完全義務不收車馬費，我們也不向學生收學費。再加上開課時段在週末，家長們通常生意忙、沒時間接送孩子，我們就和朋友們借了車、權充交通車接送。慢慢地，學中文的風氣就這麼熱絡了起來。」

認識信仰、改變生命

楊爺爺年輕時，除了毅然帶領全家人前往阿根廷開創新生活，也幫助其他移民家庭落地生根外，在阿根廷定居的期間，他也在友人的帶領下認識基督信仰。

總是認真全力推動有意義的志業，楊爺爺在信主不久後，就與其他的基督徒同工一起在阿根廷建立了「阿京中華基督教會」。在教會草創時期，藉著各種事工的參與，讓他也通過信仰對生命有更多的體悟：「過去以為一切成就靠的都是自己，成為基督徒之後，才看到一路走來，都是上帝的幫助與帶領。」

帶著這種謙卑的精神，再加上凡事認真、事必躬親的態度，楊爺爺也陸續在「僑務委員會」、「華僑救國聯合總會」做出貢獻，更進一步在阿根廷發起建立中華會館凝聚海外華人之心。直到二〇一二年，在經過多方考量與安排後，決定與妻子返台靜養，在雙連安養中心安享美好的晚年。

「回台灣就是開心地過日子。我們這個年紀的人，每個人背後都有一段很精彩的故事，有人歷經抗戰、有人逃過改革時期的顛沛流離，很高興一切的苦日子都過去了，現在覺得能在雙連居住，也全是恩典與賞賜。」

更多看見與回應恩典

兩人住進雙連初期，楊爺爺將多數的時間與心力都用在一輩子陪伴自己、走過天涯海角的妻子身上。晚年時楊奶奶罹患失智症，漸漸的忘掉了所有人事，然而楊

楊爺爺睹物思人，感謝楊奶奶一起走過精彩人生

楊爺爺喜歡字畫，看到欣賞的畫作就大方購買，讓所有人能一起欣賞

爺爺不但沒有絲毫的不耐煩，反倒更加呵護老伴，也以她曾有的成就為傲。

「我們那個年代啊，念書不容易，但內子有機會一路受教育、完全沒受到時代的驚嚇，真是恩典。」楊爺爺說，楊奶奶的求學歷程雖在從中國大陸來台時有些波折，但很感謝的是，最後能接續就讀台大醫學院，並且以第一名成績畢業。

「一路競爭上來的呢！要經過多少淘汰，才能念醫學院而且順利畢業。」滿臉笑容地說起楊奶奶在學業上的優異表現，以及執業後投入婦產科的歷程，「留在台灣她可以有很好發展的，卻放下一切和我到阿根廷。」

除了照顧陪伴罹患失智症的牽手之外，楊爺爺也將對於現況的感恩，化作對於居住環境的愛護與疼惜。他認領了安養中心園區內的一塊草皮，只要有空就會去做草皮的維護與整理，「我把雙連當自己家。住在家裡，看到有哪邊不整齊的，當然就會動手打點乾淨。如果孩子們從國外回來看我，我也喜歡邀他們一起來動動身體。」

對於維護與傳承文化不遺餘力，楊爺爺很喜歡中國的字畫，也寫得一手蒼勁的好書法。他以毛筆謄寫下〈詩篇廿三篇〉、〈禮運大同篇〉後，就裱框送給中心掛設裝飾；外出旅遊看到長達數公尺的「《清明上河圖》黃金全版」復刻畫作，欣喜的購買下來，同樣大方贈予中心。

「就像在家裡多做些擺設，讓大家一起欣賞。多認識文化，對國家、社會、家庭都很有幫助的。三個小孩子大了、都過得很好，不必我們再去操心，我們就照顧好現在住的地方，開心平安的過日子最好了。」

艱難中不發怨言，恆久成為他人幫助

——韓吳期敏師母的故事

初到雙連安養中心，聽不懂台語的韓師母曾經有一段很不適應的日子。然而，靠著信仰以及過往生活中的歷練，她說：「慢慢地，我就也找到自己的生活步調。只要學會不論好事、壞事都用感恩的心情面對，就能夠在任何處境中一樣活得喜樂。」

韓偉醫師的夫人韓吳期敏奶奶於一九八二年在台灣創立了「護士福音團契」，除了積極對護理人員傳福音之外，更將台灣的護理人才推向國際舞台。她說：「我一直都在團契內鼓勵參與的姊妹們多去學英文、多參加國際會議。在這個全球化的時代，打開眼界、有國際觀，也能在國際上與人交流是很重要的事情。」

改變生命的契機

能有這種宏觀的觀點，源自於父母從小的栽培。韓師母提到，她在大陸出生，「我算是在典型中華文化中成長的，多數事情都順從父母的安排。爸爸在我高中畢業後就送我到美國唸書，因為我平常就很會照顧人，所以爸爸認為我很適合去唸護理。」

出國深造的日子中，除了使韓師母確定自己對護理的喜愛，也成為她認識基督教信仰、對傳福音懷抱熱忱的契機。「小時候我們家是信奉佛教，到後來全家遷居台灣而信了基督教。因著信仰的緣故，我接觸到『護理宣教』這個概念，知道早期有很多宣教士以護理人員的身分來台，從事護理宣教的工作。」

因此韓師母也有了護理結合傳福音的願望，然而因著在一個海外留

韓師母說，和韓偉醫師一起回國貢獻所學，是最值得紀念的時光

學生退修會中認識了韓偉醫師，他們在美國結了婚，同時韓偉醫師也結束公費留學、要返台服務，因此婚後他們就一起回到台灣。韓師母回憶：「本來我是想留在美國的，剛好賓州大學附屬醫院有工作的機會。但因為韓偉是個守信用且孝順的人，他認為拿了公費讀書、回國貢獻是理所當然的，再加上父母親年紀也大了，因此決定返國服務，並完成他的心願。」

韓偉醫師返台後，先是受

聘為中原理工學院（今中原大學）院長，後來更創立陽明醫學院（今陽明大學），為台灣造就出無數高等教育人才。當韓醫師為公務忙碌之時，韓師母就在背後成為最好的支持與後盾，使他無後顧之憂。

突破年齡限制，勇於挑戰

正當韓偉醫師在陽明服務九年之際，沒想到腦癌的來襲很快奪走了他的生命。韓師母回憶，「韓偉過世後，除了傷心難過之外，我也得思考該如何安排自己往後的日子。」

韓師母決定再度回到美國與尚未成家的兒女同住。一段時間後，隨著所有孩子都進入職場、能完全獨立自主後，韓師母便再到學校念書進修，「同時，我開始學習要完全獨立自主的生活了！」

「在那幾年進修學習的時間，除了學習知識、獲得碩士學位之外，更重要的是讓我在各種環境中都學習倚靠上帝。以前我常鼓勵年輕人要把握機會學習及發展，因為唯有我們爬得越高才能看得越遠，也能影響

韓師母以自身經驗提醒，只要有心，再困難的事情也有成就的可能

更多人。不要認為『我已經太老了、不能做甚麼了。』藉著上帝的恩典，只要有信心，凡事都能做。」

因著心境的轉變，再加上對於家鄉台灣的思念，韓師母微笑地說：「由於我的家人都居住在美國，其實我很想留在美國。將來回天家，也有親人在身邊。然而神讓我又想到，其實從哪邊回天家都是一樣的。因此使我不再執著一定要留在美國，就決定回台灣繼續為神做宣教的工作。」

心存感恩喜樂之心

當年韓師母先是受到台北聖教會大專團契的邀請，服事了六年，到二〇一一年遷入雙連安養中心定居。「說實話，一開始我住得不太適應，因為我不懂台語，常常有很多人和我打招呼，但我沒辦法聽懂和回應。」

生活中明顯的語言隔閡，讓韓師母本想搬離雙連，前往香港和女兒同住。然而，她的信仰在此時給了她很大的指引與力量，「那段時間我就不斷的和神禱告、尋求幫助。」

「慢慢地，我也就找到自己的生活步調。而且在中心有英語和華語詩班可以參加。平常沒事時，我就在房間使用電腦有所學習，並且與親友們寫 e-mail 及聊天，下午常會在中心內各處走一走、活動筋骨。若是太陽不大，還會走到後方的荷花池那邊。因此，我每天的日子過得很充實和開心。」

「還有，其實我在各種看似不順遂的過程中，也看到神是很幽默的。有一次，我看到餐廳的菜色我不太習慣，就在心裡多唸了兩句。沒想到一坐上餐桌，在禱告謝飯時，神卻對我說：『不要謝飯了，因為妳剛剛還在抱怨。』神使我學習，隨時都要存著感恩、喜樂的心，來面對一切。」

分享經驗、關懷他人

順利融入在雙連的生活之後，韓師母開始運用各樣專業能力參與服事。「我開始在雙連當志工，由於以前在美國生活的經驗，若有外國賓客來參訪時，我也很高興能幫忙翻譯。」

隨著年歲漸增，韓師母雖暫停外出服事的工作，但她改將傳福音、關懷他人的熱忱落實在生活當中。「遇到苦悶、心情不好的人就和他多聊聊，也和他分享一些自己的經驗。」

「有時候也會碰上有人不願意別人多關心他的，這時對方可能就不理我、或是對我做個鬼臉，但我覺得也沒關係，想要關心他的心意已經做到了。」

「雖然體力不夠外出服事了，但只要學會不論好事、壞事都用感恩的心情面對，就能夠在任何處境中一樣活得喜樂。」

妥善安排、動靜皆宜的活躍老年

——黃絢絢阿姨的故事

九十餘歲的年紀，絢絢阿姨仍是過著動靜皆宜的精采人生。她喜歡參與雙連安養中心舉辦的頭腦體操、運動課程，也喜歡閱讀中文、日文新聞，甚至抄寫頭版內容，累積了十八本筆記之多。

她說：「我的個性就是這樣啦，朋友比較少一點，但都活到這把年紀了，也就都很瞭解自己的習慣、過自己喜歡的生活。」

絢絢阿姨已經住在雙連十九年多的時間，是陪著中心一起成長的元老級住民。和絢絢阿姨接觸過的人都說，她的個性耿直、毫不造做，然而在有話直說的背後，其實絢絢阿姨總是懷著柔軟細膩的體貼心思。

來到雙連之前，絢絢阿姨在台大醫院擔任護理的工作，目前九十一歲的她，回憶雙十年華，「爸爸很早之前就到國外去賺錢，我們家除了我和姐姐，下面還有五個弟弟，小時候生活蠻困難的，也沒什麼機會讀書，我覺得我的運氣很好，有通過國家考試，才有機會到台大醫院工作。」

隱而未現的體貼心思

「當時也沒有特別在說什麼『護理長』的頭銜啦，就是年紀比較大、比較資深的人會被派到那個職務，還是每件事都要做啊，也還是要跟其他人一起輪流做夜班。」

「不論日、夜班，每天下班的時間都蠻少人在外活動了，通勤有一定程度的危險，所以我退休前幾乎都住在醫院宿舍。」

「年紀大了，兄弟姊妹們結婚了也就各自成家。」絢絢阿姨的手足們婚後逐一搬出家裡，有段時間家裡靠著爸媽兩人互相扶持，而在爸爸過世後，就只剩媽媽一人獨居。

「本來大家講好，兄弟輪流照顧，可是我想說這樣媽媽要幾個月就換一次住處、蠻辛苦的。加上我工作有存錢，也買了個小房子，就想說不然剛好我沒結婚，就把媽媽接來和我住，這樣她可以在一個地方好好定下來。」

照顧母親也照顧自己

隨著兩人年紀漸長，絢絢阿姨決定與母親一同住進雙連安養中心，好讓母女能互相作伴，也能繼續盡為人子女的一份孝心。

「總共和媽媽一起在這邊住了八年，媽媽很長壽喔，是百歲人瑞。一〇三歲那年的重陽節，中心還特別幫媽媽買了生日蛋糕，像是蘇貞昌、馬英九等人也都有來和媽媽祝賀生日快樂，外加有個扶輪社特地送了〈仁者百壽〉的字畫來為媽媽祝福，那幅畫我送給電工室了，目前還掛在裡面。」

直至母親黃潘耀汝女士於二〇〇八年安然辭世前，絢絢阿姨的生活就是以母親為中心，除了活動時有遇到其他住民或工作人員會打個招呼、寒暄兩句外，「比較少特別去和人交際啦，這個我不太會。不過剛開始也是會有些工作認識的同事來看我們，那時我還曾經回台大進修過一段時間喔。」

絢絢阿姨開心的與母親獲贈的〈仁者百壽〉字畫合照

能夠全心安排個人生活後，絢絢阿姨開始思考還有哪些想做的事，「我會作衣服，平常的話中心有很多課程，如果有興趣的我就會參加。」「比較喜歡的是頭腦體操、運動的課程。因為人活著一定要運動啊，不是都說『要活就要動』嘛！」說著說著，絢絢阿姨稍稍墊起腳尖、挺直背脊，直接展示了她平常作為身體保健的獨門走路方式。「就是一次走一百步，要保持步態挺直喔，這樣整個人看起來的儀態會比較好，我只要吃飽飯，就會固定這樣走上一段。」

動靜皆宜、活躍老化

「以前做了半輩子的護理工作，就會對身體狀態更加敏感。」絢絢阿姨說，隨著年紀的緣故，仍會感受到自己生理機能的改變。例如她前陣子走路時覺得腳有種卡卡的限制感，「我覺得應該是有壓到神經、已經病變了，所以我就主動開始穿護腰，而且我都是躺在床上穿、穿好了才起身。這樣讓護具可以對準脊椎骨的正中間位置給予固定，才會有保

固定閱覽與抄寫日文新聞，絢絢阿姨的筆記累積了 18 本之多

護的效果。」

「還有，安養中心每週都會公告菜單，我就會看過有哪些菜色後，再另外買些食物補充。每個禮拜也都會搭車出去買鮮奶，一週一罐家庭號的容量、每天大概喝二百五十C.C.左右，因為我吃一般的鈣片沒辦法吸收，就都用牛奶補鈣。」

固定運動健身之外，絢絢阿姨也很喜歡收看新聞節目來瞭解各地時事。

「晚餐吃飽，也走路活動個半小時之後，我就會回房間看新聞，台灣的、日本的都看。我們這一代的人小時候都受日式教育，所以現在聽到、看到日文還是覺得蠻親切的。」

「特別跟你說，當年我在醫院工作一陣子之後，醫院還有公費送我到日本一年，去醫院接受洗腎技術的培訓。在日本一年，讓我對日式風俗與文化有更多的認識。」

除了收看日本新聞節目，絢絢阿姨也很喜歡閱讀日文報紙。「早幾年，剛好有鄰居訂閱《朝日新聞》，我就每天等他先看完後，再把他放在鞋櫃上的報紙拿來看，我覺得會登到報紙上的都是重要的大事，就加減看一點，知道一下世界上發生的事情。」

閱讀的同時，絢絢阿姨還會抄寫登載在頭版上的新聞內容。「當做保持好的生活習慣，每天大概都要寫個十五分鐘以上。」

如同絢絢阿姨井然有序的生活作息，多達十八本的手抄新聞筆記本中，每篇都以工整字跡寫下日期與內容。「你看，最早是從二〇一六年六月十二日開始寫的，那時候有紙本報紙，所以寫的是全文。後來沒有人繼續訂報了，我就改成上網去看，但之後的就只有摘要的內容。」

「我是很認真在抄新聞的喔，有時候想到就會拿起來翻一翻，看以前發生過哪些事情。我的個性就是這樣啦，朋友比較少一點，但都活到這把年紀了，也就都很瞭解自己的習慣、過自己喜歡的生活。」

大病痊癒後的樂活人生

——蕭玉華阿姨的故事

儀態優雅、精神奕奕的玉華阿姨，曾在多年前經歷一場幾乎要奪去生命的大病。

因著家人的愛、在雙連安養中心得到的妥善照顧，大病痊癒的她，不只在飲食上更重養生，環境中的動、植物也都為她帶來療癒的養份。

玉華阿姨說：「家人很好、這裡的工作人員也很好，所以我就也很樂意住在這裡。而且我也都跟鄰居說：『有什麼問題的話，如果可以，我也會過去幫你的忙。』」

蕭玉華阿姨已經搬到雙連住了好幾年的時間，目前的她看來儀態優雅、精神奕奕，總是活力十足的安排每天的生活。很難想像來到安養中心前，曾遭遇一場幾乎要奪去性命的大病。

「年輕時我有在加拿大、日本等地讀書與工作九年左右的時間。在日本認識先生，結婚後就搬回台灣，並在南部定居。沒想到有一次打針後竟然感染了C型肝炎，而C肝的病毒有分成六個基因型，我得到的是其中一種當時還沒有藥物可以治癒的類型，那時在南部的醫學中心評估，就算有定期看醫生，最多只能延緩肝臟病變的程度而已。」

細說從頭的那場大病

憶及當時，玉華阿姨說，「我父親經營一間醫學書籍的出版社，婚後我就幫他管理南部的事業，也會到處跑業務，譬如說去學校和老師們做推廣。因為我的個性都還蠻靈活樂觀的，就和大家的關係維持的很好。」然而，隨著C型肝炎的病情越來越嚴重，玉華阿姨在工作上的表現開始不如往常，「那陣子常常搞錯客戶的訂書或訂金，都要反覆更改很多次。」

「到了病情最嚴重的時候完全沒辦法好好走路，連寫字也是歪斜的，也在那陣子出現記憶變化的現象，大家本來還以為我同時間也失智了，因此呈現譫妄的狀態。」

「為了想要做更積極的治療，家人們就開始帶我到北部就醫，也為了讓我不用南北奔波，在他們的安排下我就住進雙連安養中心。」

「還記得，狀況很不好的時候，孩子特地從加拿大返台陪我回診。那時他聽到醫師說我可能沒救了，我就看到孩子哭了起來，說『媽媽還不能走！因為您還沒看到孩子結婚、還沒抱孫啊！』」

重獲新生、調養身體

因著對於醫學領域的涉獵，玉華阿姨的孩子積極查閱醫學期刊，發現國外有針對C肝推出新藥，「我們就和醫師討論，要用專案申請的方式把藥物引進台灣，無論如何要找機會試試看。」歷經一連串的檢查配對，確定玉華阿姨可以使用該藥物後，家人們不惜耗費龐大金額購藥，

蕭玉華阿姨眉飛色舞地談起種菜的經驗

之後又歷時半年，才讓玉華阿姨體內的C肝病毒清除殆盡。

「康復後，本來就想說要搬回家住了，但和家人討論過，來雙連之前我們也去看過其他的安養中心，發覺雙連對長輩的照顧很周到，也和馬偕醫院有合作，能對有醫療需求的人有更多的保障。」

「就像平常每天都有工作人員會注意我們的生活作息，如果時間到了卻沒去用餐，很快就會有人來敲門關心。前陣子有位鄰居就是沒來吃早飯，照服員敲房門也沒人回應，後來他們就主動開門，才發現原來他在廁所跌倒，就緊急叫救護車送往馬偕治療，免去一場遺憾的發生。」

「近年也還有和系統廠商合作，引進『互聯網＋智慧照護方案』。我目前就是首先試用，在房間內有裝ＡＩ控制裝置，以及安全管理系統。現在出門只需要按一個鈕，電器的電源就都會關閉，如果真有什麼意外的話，也可以靠聲控發出求救訊號，我覺得還蠻安心與方便的。」

常保柔軟童稚之心的玉華阿姨在大病痊癒後，除了在飲食上注重養生，會多攝取各類蔬果、多吃魚、少油炸之外，也更看重生活的怡情養性與放鬆。玉華阿姨提到，「我很喜歡各種細緻柔美的東西。像是插花、裁縫、烹飪等技藝也都是我的興趣。」

「我很會做衣服和煮菜喔，煮菜的話，吃過的我就能重新做一樣的出來，每個食材和調味料的味道我也都知道。每逢不同的節慶，我就會看習俗與盛產的食材，煮上滿滿一大桌。」

「從小就受媽媽的影響，對於家事真的很有興趣。會做衣服也是觀摩媽媽的手法，然後無師自通。」

讓貓咪們飽餐一頓

此外，很喜歡毛孩子的她，自從發現雙連戶外園區內也住著幾隻貓咪之後，就幾乎每天都會來和貓兒玩，也時常帶飼料來，讓貓咪們能飽餐一頓。

「園區內啊，總共有七、八隻貓咪，這些貓都已經結紮，也有定時投藥，所以每隻都很乾淨，不用擔心身上有貓蝨，可以放心的摸摸牠們、和牠們玩。」

「貓咪、貓咪、貓咪！貓咪來喔！來來來！」揚起略帶可愛的嗓音，玉華阿姨走到中心林蔭滿佈的園區內，邊喊邊尋找著貓咪的身影。隨著聲聲呼喚，一隻毛色漂亮的虎斑貓從遠處出現，喵喵叫的走了過來，最後停在玉華阿姨身邊，拱起背、還蹭了她的腳兩下，十足撒嬌。沒多久，還有一隻毛色黑得發亮的黑貓、一隻身形圓潤的橘貓紛紛現身，玉華阿

撒嬌完，貓咪又若無其事地從玉華阿姨身邊走掉

姨熟稔的笑著說：「這隻黃色的，牠只能吃濕的飼料。因為之前在流浪的時候，找東西吃曾經食道受傷。」除了能餵養貓咪，中心也提供對種植有興趣的長輩們一方小菜園，讓長輩們能在生活中有更多怡情養性兼顧活動筋骨的機會。玉華阿姨自然也沒缺席，在她的小園地裡，地瓜葉、九層塔與秋葵錯落的生長著，「以前我還種過番茄喔，最後有結一顆果子。」

種種花、曬曬太陽

「種菜很好玩啦，差不多也是每天都會來看看、幫植物們澆個水。有時候我還會注意到葉子的狀態，破洞越多代表菜蟲越多，都沒有農藥的啊。我就是一邊照顧這些植物，也曬曬太陽、避免年紀大了就開始骨質疏鬆。」

「就是快樂的過生活啊，生病後住在這裡，讓我感受到很多的愛。家人很好、這裡的工作人員也很好，所以我就也很樂意住在這裡。而且我也都跟鄰居說：『有什麼問題的話，如果可以，我也會過去幫你的忙。』」

走出失敗，樂於付出關懷的人生下半場

——姜彩雲阿姨的故事

身為傳道人，姜彩雲阿姨雖然已經七十多歲了，沒能再為了宣教各地奔走。然而二〇一五年住進雙連安養中心後，她仍是樂於關心他人，只要有機會就向人傳講基督的福音。彩雲阿姨說這是她成為基督徒後最重要的職志，「這工作是不能停止的，不管我年紀多大了，我都還是很願意聽人說話，和人做點經驗分享。」

年輕時彩雲阿姨和先生在工作上都有極好的發展，「以前我在銀行界服務了二十六年，當時的工作很不錯，讓我在財務上十分富足，無須為了生活煩惱。但很可惜的，先生那時染上賭博的習慣，沒多久就讓家中經濟有了天翻地覆的改變；我們從一無所缺到一無所有，還得把房子賣了來償還債務，當時心中充滿了各種怨恨與煩惱。」

人生下半場的精采轉換

為了找尋更多機會，彩雲阿姨曾到海外發展數年，也在這段日子中認識基督教信仰、找到不同的人生發展方向。而在走出陰霾、回到台灣後，彩雲阿姨先是擔任志工來幫助他人，接著又到浸信會神學院進修，為人生下半場定出截然不同的方向。「神學院畢業後，我首先開始做的是關懷街友、更生人的工作，在這當中看到許多複雜的結構問題，也發現到若想帶人走出生命的困境，必須先從他們面臨的生活問題著手。」

彩雲阿姨認為，藉著過去自身碰過的財務危機，讓她學會對人觀察入微，知道每個人會成為街友、犯罪被關進監獄，各種問題的背後，都代表著一個傷痛的故事。

彩雲阿姨生動地描述過去忙碌而充實的傳道人生活

「這些社會大眾眼中的問題人物，很多都是受到不當暴力對待、在破碎家庭中成長，因為沒有被人愛過，所以也不知道怎麼去愛人。只要給予他們夠多的正面力量、花時間去陪伴引導他們。因著愛，所謂的『壞人』都會願意改變、重新向上。」

「我曾經用上許多年的時間來陪伴一位更生人弟兄，他已經重複進出監獄好多次了。剛開始這位弟兄還有吸毒的習慣，要等到熟悉了，有天他就拿出藏在吉他裡的安非他命，把所有毒品直接倒進馬桶沖掉，從這天起他就沒有再碰過毒品，也去神學院念書、現在也開始在教會當神學生。看到這些迷途生命的改變，對我來說是很大的鼓勵和安慰。」

再遇挫折卻心懷喜樂

彩雲阿姨說，從她成為基督徒起就不斷進行關懷社會邊緣人的工作。「在二〇〇三年到二〇一三年這十年當中，歷經到神學院進修、成為傳道人全天進行關懷的工作。我每天都忙著去監獄探視受刑人、到矯治機構與社福機關短講分享，有時還會到中國、美國海外宣教。計畫中好多事想做，沒想到在二〇一三年十一月的時候，我中風了，再也沒辦法像過去那樣四處奔波。」

「我記得很清楚，那天是二〇一三年十一月十二日凌晨三點的時候，我起床上廁所還一切正常，但到了清晨六點，我想起身，卻發覺自己完全動不了，家人緊急把我送到醫院，檢查過後醫師說我有小中風的症狀，接著就住院治療了二十幾天。」

對於因病造成既有生活的改變，彩雲阿姨笑了笑，「我覺得很感恩，有十年可以傳福音的時間。在這十年中我看到一些生命有真正的改變，也去影響了需要幫助的人，讓他們能把改變的力量繼續傳播出去。再加上想到過去賣掉房子還債，還有在宣教中被拒絕的經驗，這些都讓人學會看得開，不會一直落在沮喪的情緒之中。」

成為他人的陪伴

彩雲阿姨認為，面對不順遂時必然會有所遺憾，但重要的是學著調適自己，「當初我是帶著很坦然的心情決定來安養中心住。畢竟中風之後就得要小心自己的身體狀況，在這裡一方面有人照顧，二方面我也還能做能力所及的事。」

住進雙連後，彩雲阿姨終於讓自己忙碌的腳步慢下來，「想當年，我前一天才參加神學院的結業典禮，第二天就立刻走到恩友中心開始我的事工。現在我還是早早起床，但會從運動健身開始每一天，然後下午的時候就到圖書室讀聖經，也在讀經的時候為眾人的需要持續禱告。」

彩雲阿姨也更加善用過往年歲中累積的歷練，成為他人需要時的陪伴。「會來這裡住的鄰居，多半都已經七、八十歲啦，每個人也都有不

彩雲阿姨笑著說，陪伴他人最重要的是耐心、願意傾聽

同的經歷與智慧，所以很多時候我們能做的不是冒失的靠近別人，要學會讓以前急躁的步調慢下來，和人慢慢接觸、建立關係。」

在人前做好的見證

「成為朋友後，才能去聽到許多人內心的故事。就像我之前遇到一位老姊妹，她雖然已經是基督徒了，但那陣子她總覺得有點煩躁與空虛。我們認識、比較熟了之後，第一次到她房間聊天。我發覺她有一張大桌子，上頭放了許多東西，我就提議，可以把桌子收拾乾淨，每天坐在桌前讀聖經，或是可以抄寫裡面的一些經文。剛開始的時候我沒說太多，每次也都只是在她房間待個半小時左右就離開，但久而久之，這位老姊妹就願意告訴我她心裡頭的憂慮，事情說出來，內心就也會有很大的平安和改變。」

除了關心周遭鄰居，彩雲阿姨也會留心在中心服務的工作人員的狀況，「受洗的時後，我得到的祝福就是要持續在人面前有好的見證。過去我在工作上太忙碌了，看現在的年輕人每天在辦公室也都好忙，我就會找機會把自己的經驗告訴他們，也叮嚀大家在工作之餘也要用休息來調適、要看重自己的身體健康。」

「同樣的，對於其他人的心事，我仍認為不見得要很直白的說破。就是在一邊細心觀察，如果有需要的話，我一直都準備好要成為傾聽者；過去生命中的高山低谷，拿來分享，多少都能讓人得到些益處。」

「也同樣覺得非常感謝，年老的時候生活不只是剩下親近的家人與孩子，這樣生活就不會感到寂寞了啊！」

轉換心態，就能享受美好生活

——王安美阿姨的故事

總是開朗大笑，近幾年才入住雙連安養中心的王安美阿姨認為，雖然人生的故事時常超出原訂的計畫，但只要願意改變心態、積極調適，不管走到哪裡，都可以人如其名的，過上愉快而安定美好的生活。

王安美阿姨在在台北出生、長大，直到三十五歲那年才與先生一同移民美國，在西雅圖生活了三十一年之久。退休後，決定回台的原因在於安美阿姨的先生有小腦萎縮症的家族病史，並於正值壯年的時期發病，安美阿姨回憶：

「先生從一九九六年開始有小腦萎縮的症狀出現，這種病發作後就會慢慢越來越嚴重，所以到了二〇〇二年的時候，他工作的公司就資遣、請他回家休息。又再過了幾年，大概到二〇〇八年，他的生活自理的能力都已經完全退化。」

從美返台的新挑戰

喪失自理能力的前幾年，長期在家當保母的安美阿姨認為，一邊顧孩子、一邊打理先生起居應該是可行的方案，就試著自己先照顧了幾年。然而，隨著先生的小腦萎縮症越發嚴重，當病情已進入全臥床的狀態之後，由安美阿姨獨立照護先生就成了高難度的艱鉅任務。

「真的是趕著找救兵，當時我已經吃不消照顧先生的工作。起初二嫂跟我說，二哥也是小腦萎縮症，那嫂嫂是護理師、定居在花蓮，就問我要不要把先生送回台灣，她可以一次照顧他倆。」

二〇一三年，剛送先生回台灣居住的時候，安美阿姨原本計畫要繼續在美國工作與生活，可是先生仍期待由妻子來親自照料，對於自己在花蓮靜養，逐漸有抱怨和挑剔的心態產生。

「其實剛開始也只是再飛一趟，把先生從花蓮帶回台北，也在安排下先讓他住到雙連來。反正那時候就是想說換個環境應該就沒事了，沒想到，他大概住了兩週之後，就又狀況百出。」那陣子安美阿姨在美國也時常接到安養中心的來電，告知她先生的心情又不好了、或是身體不舒服需要就醫。

自在融入新生活

「電話接多了、接久了，其實心裡也很累。而且自己在家也蠻冷清的，想了想，就和原本照顧的孩童家長說我要退休啦，就把工作都結束、房子也賣掉，回來和先生作伴。」

安美阿姨接著提到，因著自己有很容易暈車的體質，「甚至我連自己開車也會暈車！」雖然有不少機會，能跟著家人們到處遊山玩水、造訪各大名勝，但是，她還是最喜歡待在家裡。「所以我才可以那麼長期

王安美阿姨的個性開朗，總是笑臉迎人、樂觀看待生活

的在家當保母。我們沒有自己的孩子，所以不論是晚間或假日，如果孩子們的爸媽臨時有事問我能不能照顧，我一律都跟他們說ＯＫ，有孩子在家裡陪我，是個很大的樂趣啊。」

「剛回台灣的時候，本來有點擔心天氣會很熱、不習慣，但畢竟是在台灣長大的，大概一週之後就沒問題了，都適應得不錯。」

除了重新適應台灣的氣候之外，安美阿姨也用了一小段時間來調整個人的飲食習慣與生活作息，「主要就是看到其他的鄰居們每天都好忙喔，有自己的活動安排，不然就是會參加很多課程，我就開始的慢慢參與。」

豐富多元的生活與課程

「我喜歡手語和排舞課程。起先都不太會跳，但老師都很有耐性的引導每位同學，就是一步一步的慢慢教，目前學了三年多、比較熟練了，老師的腳步大概都能跟上。而且老師也會幫我們找各種表演機會，像二〇一八年五月就有去聖約翰大學表演手語，還有雙連與友達光電合作簽約儀式的時候，也是我們排舞班的同學做開場演出。」

而在開啟新生活的同時，安美阿姨的另一個生活重心，便是每日定時探望陪伴先生。「先生住在中心五樓的養護區，就是每天去探望他，看他今天過得好不好。」

剛開始，安美阿姨每天仍有不少的時間與心思放在先生身上，但她很快地發現到，在中心養護區的長輩們每天都有一套完整的作息安排，

安美阿姨只要有空，就會推著輪椅陪伴先生在園區內外散步

「照服員每天一早會先幫長輩起床、協助完成梳洗，然後會協助每位長者吃早餐，飯後休息一下，再輪流幫每位長者洗澡。中午時分，吃完飯、午睡過後，下午則是團體活動的時間。」每位長輩的日常生活都在完善的照顧安排下過得規律、井然有序。

落葉歸根、歲月靜好

隨著觀察與認識，安美阿姨也看到照服員在工作上的用心、貼心與努力。「就像我看到他們為了長輩的起居作息，常常把他們抱上抱下的，好像在抱小孩子。我想，再瘦的阿公阿嬤至少也有個四十公斤吧！而且他們還要二十四小時輪班照顧、每兩個小時協助臥床的長輩翻身拍背，這麼辛苦的工作，竟然能長期做下去、非常佩服！」看到安美阿姨的轉變，先生的心情也從入住初期的常固執己見，轉變為能盡量保持愉快，不再以各種刻意的行動來表示內心的抗議。

積極安排、自在享受

伴隨心態轉換的另一個改變，則讓安美阿姨更能享受每天的時間。「我認識不少鄰居都是為了先生才從國外回來的，然後我們都開玩笑說，每天探視先生就是我們固定的上班時間。」

除了定時探望先生，推著輪椅陪伴他在園區內外散步，多數時間安美阿姨就積極參與各種松年大學的課程，「剛剛提到的手語和排舞之外，每日的早操我也會固定參加。另外，還有『長者肌力訓練』、『脊椎螺旋』

等運動課程和『音樂芬多精』等藝術課程，很多有趣的活動可以參加，好開心喔！」

「住久了就都很習慣，而且知道時間要自己安排。」若是沒有特別想參加的課程，也不想在房間看書、看電視的時候，安美阿姨就會在中心內散步，看到有需要幫忙的長者就主動為他們推輪椅，或是去和其他人寒暄兩句。

「以前想說，如果先生比我早過世，他走之後我想再搬回美國住。不過現在已經不這麼想了，在這邊有人照顧、有很多朋友作伴，過去工作收入也都安排好，只要不浪費，沒太大經濟壓力，我想就長久在雙連安養中心定下來吧。」

因著愛再次健壯、重拾自信

——朱華志爺爺的故事

華志爺爺是個很獨立的人，起初他對於入住安養中心有著諸多不安。

然而因著足夠的愛與陪伴，華志爺爺安穩地融入雙連大家庭中，不只養好了身體，也重新找回生活中的快樂，成為大家的開心果。

九十六歲的朱華志爺爺面帶笑容、神清氣爽的坐在沙發上休息。雖然因著年紀的關係，華志爺爺近年來比較少做出完整的表達，但他年輕時在空軍部隊，專門負責飛機的各類檢視與維修，聽到別人說起他的職

華志爺爺與女兒、孫女開心的合照

業，臉上總會露出一抹自信的神采。

改變生命的意外插曲

談到父親，女兒慧琴姐同樣引以為傲的說：「爸爸到九十二歲之前都是位很能自給自足的長輩，孩子們都住在北部，但他一個人在嘉義也能把生活打理得很好。以前他每天都為自己做飯，有時間就去運動，還會參加社區舉辦的各種活動，即便很多人都說他年紀大了，可是他從不覺得自己老了。」

「很可惜，老人家多少都有骨質疏鬆的問題，有一次他外出的時候，不小心摔斷了腳，後來還需要開刀置換人工關節。我們都說這場意外讓他的人生從彩色到黑白，很多事情都因著跌倒而發生驟變。」

「受傷、開刀都需要家人照顧，不管老爸怎麼說，我們都放不下心讓他一個人在老家生活。」在徵得父親的同意之後，慧琴姐著手計劃，要讓華志爺爺北上。

「開始安排後，就發現很多現實層面的困難。最大的問題是我們在台北住的是老公寓，需要爬樓梯，而且白天上班，如果爸爸在家有什麼需要，我們也沒辦法幫忙。我知道爸爸不會同意，但這樣的抉擇是必須的，得替父親選擇最好的住所。」

走進可安歇的住所

慧琴姐記得，南下接華志爺爺的那天，剛好是颱風來襲的前夕，「那天我匆忙的包了計程車趕下去，眼看風雨就要來了，胡亂抓了一些用品，趕緊帶著爸爸搭車，要趁風強雨驟前衝回台北。」

「那天我的計畫是直接帶爸爸來雙連。當計程車回到台北，他發覺不是往我們家的方向後，開始問了很多問題、情緒也變得很焦躁不定。我跟他說『我們絕對不會拋下你，住到雙連會是更好的選擇，希望爸爸願意先試試看。』」

一行人在颱風追逐中平安抵達中心，慧琴姐回憶：「那天我和爸爸從盼望樓的門口踏進大廳，幾乎同時間風雨就大了起來。那時的狀況可說是有點狼狽，然而很溫馨地，我們看到有工作人員在一旁，門口貼著一張海報，上面寫著『歡迎朱華志爺爺入住。』」

跟著工作人員的引導，華志爺爺和慧琴姐來到要入住的房間，「在走動的過程中，我們看到中心內每個地方都好乾淨明亮，爸爸還問我說這裡是哪兒啊，太漂亮了。」

「沒多久，負責照顧爸爸的小劉大哥就來和我們打招呼。他從我手上接過行李，看到裡面有些衣服和襪子，然後逐一在這些衣物上做記號標示。雖然看來僅是一些順手完成的小事，但我卻知道，安養中心很尊重長輩，把每個人都當成獨立的個體看待。」

在愛中重新健壯

即便起初對於入住安養中心感到抗拒，然而在眾人的照顧下，華志爺爺很快地養好身體，也重新找回生活中的快樂。慧琴姐補充，「不只是照服員，我認為這裡的每位工作人員都很愛爸爸，我看到爸爸住在這邊很開心，每次來看他都能看到笑容。」

「爸爸一直都是很獨立、適應力很強的人，雙連的照顧型態剛好很適合他。以前我們也曾經安排爸爸到其他的護理之家住，那時我們去探望他的時候，發覺護理之家的活動空間非常侷限，每位住在那邊的長者都只能無聊的等待時間過去。相對的，入住雙連後，只要他沒有不舒服、能夠行動自如的話，每天都有各種課程活動可以參加。」

「還有，爸爸有時候會思緒不太清楚。像是有天他突然說自己要從空軍退休了，鬧著要回家。出乎意料的，工作人員的解決方式竟是順著他做角色扮演；先是做了一張通行證，上面寫了『朱華志，空軍少校』，然後再跟他說恭喜退伍，目前這裡的空間是要讓空軍英雄退役後住的地方，長官要他安心的住下來。沒想到爸爸就接受了這樣的想法，漸漸地

華志爺爺開心展示父親節的節慶作品

較少說要回家。」

「久而久之，我想爸爸也產生一種錯覺，認為住在這邊的人都是老鄉，因為每個人都彼此認識、也因為互動後有了安全感，他就越來越喜歡住在這裡。」

享受家庭般的溫暖

目前慧琴姐固定每週都會來探望華志爺爺。慧琴姐說：「看爸爸生活平安，我就知道當初安排爸爸來雙連住是一個對的決定。除了看到安養中心對照顧爸爸的許多付出，我也在每位工作人員願意陪伴長輩多走一哩路的態度中，學到如何陪伴年長的父母。」

「像是爸爸已經分不清楚春夏秋冬了，他每次看到我都叮嚀說『天冷，要多穿一件衣服。』我從照服員的身上，學到怎麼順著長輩的話來進行應對。只要知道他們是好意關心，即便不合邏輯也沒關係啊，就和爸爸說『知道了，我有帶外套。』讓他聽到子女接收了這份心意最重要。」

隨著華志爺爺安穩地融入雙連大家庭，慧琴姐很感謝在此服務的每位工作人員，感謝他們對父親的辛苦付出，也相信上帝一定會祝福他們的！

愛與關懷中跨越障礙，發展興趣、認真生活

——李照子阿姨的故事

二○○六年，照子阿姨和媽媽作伴，一同搬進了雙連安養中心居住。雖然媽媽在二○○八年過世，但照子阿姨很享受在雙連的生活，決定繼續住下來。

透過札記，照子阿姨在文章中感性地寫下：「感謝上帝的恩典，使我能住在這麼美麗的環境裡，有青翠的草地、花、樹，白鷺鷥和燕子飛來飛去，也有別種鳥兒唱歌，讚美上帝美妙的作為。」

滿有愛與恩寵的生命

因著腦性麻痺的問題，李照子阿姨雖然無法完全和常人一般的活動

對家族來說，照子阿姨（前排左二）是最好的陪伴者，她在心靈上照顧了所有人

與交談，但她從小到大，在家中都備受家族長輩們的疼愛。妹妹菊子長老回憶，「阿嬤好疼、好疼她，每次看到照子，都是開心地叫她『阮欽金孫、玉孫』，即便外在看來，她是很需要被照顧的人，但對我們家族來說，她卻在心靈上照顧了所有人，是我們最好的陪伴者。在照子身上總是看到單純的信心與快樂，也看著她在不同人生階段都活得非常精采！」

照子阿姨小時候在花東長

大，早期外公外婆家裡面自己開了雜貨店做生意，米、糖、豬肉、布料、生活用品……等，應有盡有，後來在東里有了果園。在特殊教育還不發達的時代，照子上小學的時間比一般晚了許多，直到十二歲才進入小學，六年皆成績優良。有段時間她就在家幫忙顧店，也學習秤量水果並換算成售價。「阿公教她怎麼打算盤、加減運算。數年後去台東探視阿嬤的時候，常幫忙舅舅收錢、放進金庫，金庫鑰匙密碼只有她和舅舅、舅媽知道，大家都開玩笑叫她店經理，很威風的喔。」

幫忙家裡做生意之餘，信奉基督教的阿嬤每次讀台語白話字聖經的時候，會反覆的閱讀，並且大聲朗誦，照子就記住不少聖經內容，從中培養信仰基礎。

媽媽與姊姊一起入住安心的家

隨著阿公、阿嬤陸續辭世，媽媽邁入老年、身體漸趨衰弱之後，在台北擔任高中英文教師的菊子一舉將母親與姊姊都接到北部來住。起初，

照子阿姨最喜歡聽卓忠信牧師講聖經故事，幽默又有趣

母女倆能自理生活，直到二〇〇四年年底，媽媽不慎在家暈眩跌倒，傷後也持續有四肢無力的問題，菊子認為家中沒辦法給媽媽舒適且安全的居住環境，便著手安排媽媽住進雙連安養中心。

「媽媽起初不願意來，因為她想要繼續和照子一起作伴。」菊子長老回憶，從小到大就看媽媽與照子兩人形影不離，她們住在一起、外出聚會、看醫生等也同進同出，每天都有說不完的話；媽媽做每件事情的時候都會想到照子，要確保她能得到最好的安排與照顧。

為了消除母親的掛慮，照子阿姨便於二〇〇六年開始和媽媽在雙連安養中心展開下一段的新生活。

生活充實、心靈平安

除了在成長路上備受疼愛，照子阿姨來到雙連之後，從院牧與工作人員身上接收了源源不絕的關懷。她曾以文字記下：「卓忠信牧師怕我走路跌倒，總是很注意我在中心內的行動。」

提到卓牧師，照子阿姨的眼睛亮了起來，「我很喜歡聽卓牧師講聖經故事。他在講解的時候不只是一直講道理而已，有時候會停下來、提出一些問題，要我們想一想，這樣就不會覺得無聊、打瞌睡。有時候牧師的講道題材則是他看過的書，或是加入一些有趣的笑話，大家都聽得呵呵笑。」

「還有，卓牧師每週都會找兩天播放各種題材的電影，他會在旁邊

照子阿姨、菊子長老愉快地說到生活中許多值得感謝的美好

跟我們解釋劇情，讓我們更知道裡面的情節和意義。我記得曾看過《悲慘世界》、《天涯海角》、《屋頂上的提琴手》、《真善美》等影片，每部都在講很龐大又很讓人感動的故事。但我印象最深刻的是《受難記》，看耶穌受苦、被惡待的過程，我內心也覺得非常難過。還有《熱淚心聲》中的海倫．凱勒，原是眼瞎耳聾、不能說話的女孩，卻成為偉大的教育家。」

照子阿姨住進安養中心之

後，每天寫日記，還寫了〈我的自述〉和幾篇對家人的紀念文，妹妹建議她記述一些中心的活動及生活點滴。於是〈我現在的家——安養中心的生活〉、〈與黃美廉博士相遇〉、〈主的恩典夠我用〉、〈參加活動樂無窮〉及〈感謝有你們〉等文，陸續刊登於台北南門教會週報，或收錄於中心網站。

因著基督信仰，照子阿姨也認識了許多一同住在雙連的基督徒鄰居。「以前身體比較好的時候，週日固定做禮拜之外，我也會參加福音小組。小組聚會的時候，弟兄姊妹輪流做見證、彼此禱告，內心就覺得非常的平安與得到安慰。那時候每週三早上還會和這些好朋友一起練習唱詩歌，台語、華語的詩歌都有，我特別喜歡一首台語詩歌〈上帝啲照顧你〉，歌詞中說『上帝啲照顧你，逐日啲顧，逐日導路……』我就跟著做一樣的祈禱。」

日常起居、細心呵護

照子阿姨對於雙連安養中心的感受，不只是能在信仰上有持續的澆灌，工作人員、四週厝邊在生活起居上的照顧，同樣讓她有著許多想說的故事。

「我也很感謝生活中有許多的天使保護在我身邊。生病時會有陪診人員陪同我去看醫生；護理師會每餐定時送藥、注意我們的健康狀況。還要感謝照顧服務員，總是盡力照護我的每日起居。」

每週都會固定來探視姊姊的菊子長老補充，「在二〇一七年的時候，照子連續兩個禮拜都莫名發高燒，一時間也沒辦法找到適合的抗生素。那時因為進食和尿道發炎的問題，裝了鼻胃管和尿管，照護人員很細心，每次幫他護理、換膠帶的時候都很小心，讓她的皮膚不會長期下來開始破皮。」

「還有，剛裝的時候不習慣，照子曾經自己把鼻胃管拔掉，而且她也覺得靠鼻胃管來進食都沒滋味，這時中心團隊就尊重她的意願，改提供糊餐和定型餐來做替代。一方面可以確保有吃進足夠的營養和水份，也讓照子又重新吃到食物的味道。」所以她也覺得很開心能有機會參與拍攝「因為您的愛，幸福永存在」的中心勸募影片。

菊子長老說，照子阿姨這兩年身體變得比較虛弱，才會需要完全坐輪椅。「但她每次到教堂做禮拜之後，在這裡住的楊瑛老師或鄧超石老師都會輪流為她推輪椅、送她回房間，他們年紀也都大了，但還是很疼照子，像楊老師還會從她種的花盆裡採花送照子。如果說中心有舉辦音樂會等活動，他們也都會帶照子去參加。」

「一路走來，心裡面總是覺得非常感謝。讓照子能平安順利的生活，每個人都體貼她的需要和習慣，實習生來陪伴她之後也還寫了卡片問候。」

而對於目前的生活，照子阿姨也藉由文章中感性地寫下：「感謝上帝的恩典，使我能住在這麼美麗的環境裡，有青翠的草地、花、樹，白鷺鷥和燕子飛來飛去，也有別種鳥兒唱歌，讚美上帝美妙的作為。」

用愛，找到回家的路

——黃采華奶奶與李錫輝阿公的故事

采華奶奶與錫輝阿公一起住進雙連後，他們發現這裡和其他的安養中心有著很大的不同，「在這裡能感受到處處都充滿了愛，這邊不只是安養機構而已，更像是我們的另一個家。」

「在雙連，每位工作人員都把我們當作自己的家人看待，對入住長輩的愛心、耐心、包容與尊重，都是發自內心的表現，不只是因為他是照服員才關心我們。」

黃采華奶奶與李錫輝阿公夫妻倆目前一起住在雙連安養中心，身體硬朗的采華奶奶住在安養區，診斷患有失智症的錫輝阿公則是住在失智症照顧專區中，但采華奶奶每天都會到失智症照顧專區陪伴錫輝阿公，有時候則是帶著他一起散步、曬太陽。采華奶奶認為，兩人的生活起居在雙連都已經得到很好的照顧，「平常也沒什麼事情，需要再另外煩心打點的，所以就常去探望他。」

相知相惜、走過半世紀

夫妻倆維繫半世紀的好感情，要從采華奶奶與錫輝阿公的相遇開始說起。采華奶奶是台南人，退休前是小學教師，有時還會幫忙國立編譯館編寫教材，「年輕的時候社會風氣還很淳樸啊，女生怎麼可能自己去認識異性，多半都是靠長輩介紹。那時是一位和父母很熟的親戚介紹我和錫輝認識，但他在台北、我在台南，所以一開始我們只有藉著書信往返，彼此認識。」

藉著書信往來，采華與錫輝慢慢的熱絡了起來，「以前寫信不像現在寄 E-mail 馬上就到，平均每次通信後要接到下一封可能是一、兩個月的事。那時，我都會把信件拿給爸媽看，然後爸爸也都叮嚀我說『禮貌上，

采華奶奶每天都會到失智症照顧專區探望錫輝阿公

收到別人的信件就要回信。』我們就這樣來回了幾次，他就鼓起勇氣，第四封信時就在信中透過文字向我求婚！」

收到信件後，雙方的長輩紛紛忙碌了起來，先是安排采華與錫輝見面，也在確認男女雙方都是值得託付終身後，便熱鬧的辦了婚禮。婚後采華與錫輝就攜手同行、開始人生的下個篇章。

采華奶奶說，錫輝阿公年輕時一直是個很有毅力的人，總是不辭辛苦的四處打拼，「他真的很有毅力，台北工專機械科念書的時候，就自己打工賺學費，畢業後也願意配合公司四處調派，然後賺到的薪水都交給父母、做為家用。我們婚後和公婆住了二十多年，期間也都看到他很孝順父母，成為孩子的好榜樣。」

慢慢忘記回家的路

打拼了大半輩子，錫輝阿公退休後很喜歡出門找人下圍棋。然而一陣子過後，采華奶奶開始發現有點不對勁，「最初就是發現到，錫輝常常出門後就迷路回不來，不然就是會忘記吃飯或忘記吃藥。但那陣子知道他下圍棋還是每盤都贏，完全不會聯想到這是失智症初期的狀況。」

又過了一段時間，錫輝阿公變得時常只穿著內衣內褲就出門了，這讓家人驚覺事情真的不太對勁。采華奶奶回憶，「那時候他不管在家還是到菜市場，都是穿個內衣內褲就到處晃。不然就是晚上我在家煮飯，煮完才發現，他怎麼人不在家、跑出去了，大家就趕快到外頭找人。這

牽手半世紀的默契，讓采華奶奶能從隻字片語中明白錫輝阿公想要表達的意思

時候女兒從美國回來度假，看見了就跟我說：『爸爸是不是可能有失智的問題？』我們才趕緊帶他去檢查。」

用愛打造另一個家

察覺錫輝阿公可能罹患失智症之後，采華奶奶仍希望讓先生盡量保有原來的生活，「一開始想說他喜歡下圍棋，就改邀朋友們到家裡客廳慢慢下。看到錫輝很平安的在家，我比較放心。」

然而，隨著失智症的病情

加重，錫輝阿公的認知功能越來越紊亂，這讓采華奶奶在照顧上開始不堪負荷，「因為以前知道的事情都忘記了，錫輝變得更常走失，我需要隨時在旁邊照顧他，讓我半年內就瘦了九公斤之多。」

眼見父親的改變，孩子們提出到安養中心居住的建議。采華奶奶說，「一開始曾到一般的銀髮住宅住過一陣子，不過那邊的活動空間比較小，加上失智症確診後，裡面的工作人員告知我們，住宅區內沒有足夠的照顧資源，錫輝不適合住在那邊，我們才住到這裡來。」

來到雙連安養中心之後，采華奶奶認為，這裡和其他的安養中心有著很大的不同，「在這裡覺得處處都充滿了愛，讓人感受到這邊不只是安養機構而已，更像是我們的另一個家。」

「剛搬來的前兩個禮拜，錫輝天天都吵著『我要回自己家、我才不要住這裡。』但是我想他有感受到，我也住在這裡陪他。再加上還有一群照服員跟著一起住在這裡，每天帶活動陪伴他們，也幫他們盥洗、打點三餐和包辦生活中的大小事。兩週後，我們孩子買的房子裝修好了，

說到在雙連安養中心的生活，采華阿姨有著很多的好印象與感謝

問他說要不要回去，這時他反而說：『這裡住得不錯啊，這裡就是我家。』」

真誠關懷的美好典範

錫輝阿公的個性素來不太健談，失智後變得更沉默了。但采華奶奶說，每次來到失智症照顧專區，都會看到工作人員特意與他聊天與互動，「就像有一次來，看到錫輝吃飽了在打瞌睡，這時就有照服員開始唱歌跳舞，接著也邀錫輝一同起來參與，我看他很高興的笑了，我也覺得很開心。」

「還有一次，照服員問我錫輝特別愛吃什麼食物，我說他以前很喜歡饒河夜市的蚵仔煎，他們竟然大老遠的跑去買了一份回來讓錫輝品嚐，我知道之後覺得好感動、好感動喔！」

「前一陣子錫輝的腳發生血栓的問題，因為他已經沒有辦法表達自己的感覺，所以護理師、照服員就都會更加注意他的狀況，也會更刻意多帶他活動，以維持他的體力，不致於因為痛就不動了。」

「在雙連，我真的覺得每位工作人員都將我們當作自己的家人看待，發自內心的愛心、耐心、包容與尊重都令人感動。特別是看到錫輝的狀況變得更穩定，退化的情形也很明顯的減緩了下來，這就讓我更放心！」

雙連安養中心歷史圖輯

1993 年

教會會友們參觀
雙連安養中心的興建預定地

從初始的荒蕪，到如今的一應俱全！

1998.4.12

立基：第一期工程動土典禮

2001.11.18

茁壯：第二期工程動土典禮

2007.8.26

發展：第三期工程動土典禮

2009.11.15

獻堂感恩禮拜

克服高難度的建築工法，完成「方舟教堂」，同時也是多功能大禮堂。

雙連安養中心由起初看見老人照顧事工的需要，到配合國家政策發展的願景，始終秉持「以長者為尊，以服務為榮」的精神，用愛與關懷為長者營造一個溫馨的家。回首二十年來，細數點滴，盡是恩典的足跡……

長者幸福出遊趣

團隊用心、貼心的規畫與陪伴，讓每一趟旅程都像是「燙金」的日子，是長輩珍貴的回憶。

松年大學課程

豐富多元、全年無休的動靜態課程，讓阿公阿嬤活到老、學到老，也能服務到老。

代間活動祖孫情

幸福的笑容，綻放在彼此的臉龐，在安養中心也能享有天倫之樂！

千人溫馨大圍爐

雙連是爸媽的家，也是子女的家！每年除夕、年初二，大夥齊聚一堂「回娘家」，共享這幸福團圓的時刻。

跨專業工作團隊

具備多元專業能力，彼此間相互幫補，充滿活力及朝氣，是實踐世代生命共融的最佳見證。

雙連安養中心大事紀

籌設準備期

◆一九九三年雙連教會通過籌設一處「雙連社會福利園區」。

◆一九九四年九月五日購得雙連安養中心現址，並於一九九六年四月台北縣政府獲准變更編定為「特定目的事業用地」。

◆一九九五年七月十五日雙連安養中心獲台北縣政府同意籌設四百三十二床（分三期興建）。

興建茁壯期

◆一九九八年四月十二日第一期工程院舍（安養二十八床、養護一百五十四床，共計一百八十二床）動土感恩禮拜。

◆二〇〇〇年三月五日第一期工程院舍（一百八十二床）啟用感恩禮拜。

◆二〇〇一年十一月十八日第二期工程院舍（安養一百八十四床）動土感恩禮拜。

◆二〇〇三年十一月十四日台北縣政府同意核准擴床至三百一十九床（安養一百六十五床、養護一百五十四床，共計三百一十九床）。

◆二〇〇三年十月四日陳水扁總統蒞臨指導與參加重陽敬老關懷活動。

◆二〇〇七年二月二十一日行政院蘇貞昌院長率領行政院、內政部及台北縣首長蒞臨指導參訪。

◆二〇〇七年七月三十日台北縣政府同意核准擴床至三百六十六床（安養二百一十二床、養護一百五十四床，共計三百六十六床）。

◆二〇〇七年八月二十六日擴建第三期工程院舍（失智專區 Unit Care 六十六床暨綜合康樂棟）擴建動土感恩禮拜。

◆二〇〇八年一月至八月承辦經濟部「銀髮族尋根與傳承智慧型服務與營運先期規劃」。
◆二〇一〇年三月四日台北縣政府同意核准擴床至四百三十二床（安養二百一十二床、養護一百五十四床、失智六十六床，共計四百三十二床）。
◆二〇一〇年七月八日民進黨蔡英文主席蒞臨指導參訪。
◆二〇一一年五月二十九日馬英九總統蒞臨指導參訪。
◆二〇一三年五月十日呂秀蓮副總統蒞臨指導參訪暨參與母親節慶祝活動。
◆二〇一三年十一月二十八日立法院社會福利及衛生環境委員會與衛生福利部長官蒞臨指導參訪。
◆二〇一六年八月五日衛生福利部呂寶靜次長率領衛福部長官蒞臨指導參訪。
◆二〇一六年十二月十八日行政院林全院長率領各部會首長蒞臨指導參訪。

豐盛展望期

◆二〇一七年一月通過衛福部身心障礙口腔照護補助計畫。
◆二〇一七年六月二十一日與友達光電股份有限公司合作開發「智慧照護系統」。
◆二〇一七年十月二十八日舉辦雙連教會長照事工二十周年音樂會。
◆二〇一八年五月三十日榮獲台北縣政府就業服務處配合政府推動照顧服務員缺工獎勵政策之優良雇主。
◆二〇一八年三月二十八日通過衛福部「智慧科技應用於失智症生活照護與非藥物治療創新服務」之計畫，並於二〇一九年六月一日於智慧科技輔助照護展示坊進行發表分享。
◆二〇一九年十一月臺灣師範大學與本中心合作「VR另類治療系列之創新研發、新創事業與老人機構產學合作計畫」。
◆二〇二〇年六月十三日興建第四期員工宿舍工程動土感恩禮拜。
◆二〇二〇年六月二十周年紀念專書《走過二十年的恩典足跡——雙連安養中心感恩文集》由大好文化出版。

獲獎紀錄

◆ 二〇〇一年榮獲台北縣政府暨內政部首屆老人福利機構評鑑之優等獎。
◆ 二〇〇四年榮獲台北縣政府暨內政部老人福利機構評鑑之優等獎。
◆ 二〇〇七年榮獲台北縣政府暨內政部老人福利機構評鑑之優等獎。
◆ 二〇一〇年榮獲台北縣政府暨內政部老人福利機構評鑑之優等獎。
◆ 二〇一一年四月二十八日通過 ISO-9001 國際品質認證。
◆ 二〇一一年十二月二十七日失智症照顧專區（信心樓）獲頒一〇〇年內政部公共建築物建構無障礙邁向通用化之優等獎。
◆ 二〇一二年六月三日獲得中華安全行動照護協會所舉辦第一屆 No-Lift Policy 優良安全照護機構之特優獎。
◆ 二〇一二年十一月二十八日獲得內政部建築研究所第六屆「創意狂想 巢向未來」創意競賽第二名。
◆ 二〇一三年六月八日榮獲中華安全行動照護協會舉辦二〇一三年度優良 No-Lift Policy 安全照護之優等獎。
◆ 二〇一三年榮獲新北市政府暨衛福部老人福利機構評鑑之優等獎。
◆ 二〇一三年九月二十七日榮獲台灣遠距照護服務產業協會辦理二〇一三年度遠距照護之傑出貢獻獎。
◆ 二〇一四年十二月一日內政部建築研究所辦理二〇一四年度友善建築評選，盼望樓及信心樓入選醫療設施類別之特優建築，仁愛樓入選醫療設施類別之友善建築。
◆ 二〇一六年榮獲新北市政府暨衛福部老人福利機構評鑑之優等獎。
◆ 二〇一八年獲得衛福部智慧科技應用於失智症生活照護與非藥物治療創新服務計畫之永續獎。

活動紀錄

◆二〇〇一年十二月二十一、二十二日承辦內政部第六次台閩地區老人福利機構聯繫會報。
◆二〇〇九年九月十九日承辦北區國際失智症日宣導活動。
◆二〇一〇年十二月二十八日承辦全國老人福利機構聯繫會報暨評鑑頒獎活動。
◆二〇一二年十一月二十四日台大智活中心於雙連安養中心舉辦智活公園開幕暨智齡論壇活動。
◆二〇一三年四月十八日於第二十八屆國際失智症協會國際研討會中發表三篇論文。
◆二〇一三年三月二十七日獲准申請一〇二年內政部獎勵民間建築物智慧化改善示範工作計畫。
◆二〇一四年十二月一日接受衛福部委託主辦「科技有愛、照顧無礙－照顧工作科技輔具研討會」。
◆二〇一五年七月三十一日配合衛福部辦理「一〇四年度全國衛政及社政首長聯繫會議」。

因為您的愛，幸福永存在

雙連安養中心成立迄今，已累計服務逾二千位長輩，並連續六屆榮獲衛福部、新北市政府老人福利機構評鑑優等獎，使我們在長輩照顧服務過程中倍受鼓勵！為了讓長輩們能在中心過著平安、健康、喜樂的生活，我們在人員的編制、教育訓練、服務模式的提升，與各項軟硬體器材的購置維護上，都花費很多心力。如今，安養中心已經二十歲了，長輩生活環境及照顧設備也隨之需要汰換更新，希望邀請您一同支持「雙連安養中心二十週年勸募計畫」，與我們一起守護長輩，讓他們得以安享晚年。

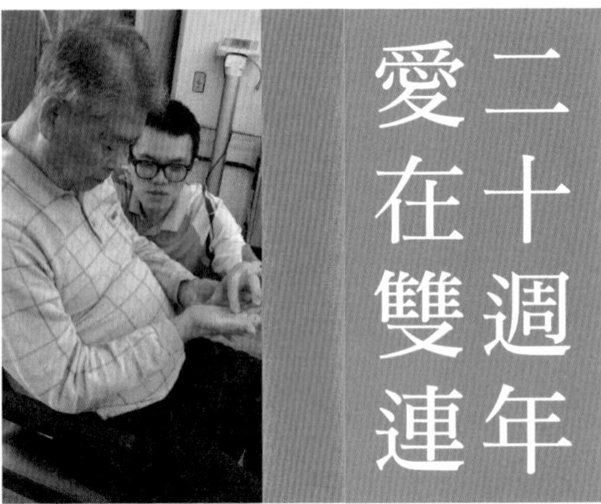

重拾好食光，品嚐幸福味

經由實務的照顧經驗發現，在長期照護機構的長輩，很多因為疾病或老化，造成咀嚼吞嚥能力退化，有時甚至需依靠鼻胃管進食。但據實務研究與經驗發現，若能提供足夠專業吞嚥照護訓練，這些長輩大部份可以提升咀嚼吞嚥的能力！因此我們投入額外經費，邀請專業語言治療師擔任訓練老師，並連結馬偕醫學院聽力暨語言治療學系師生，共同進行長輩吞嚥能力評估與工作人員的照護訓練，學習專業照護技術、調製特殊飲食，我們希望能再幫助更多長輩改善吞嚥咀嚼能力，重獲簡單卻幸福的人生滋味！

率先成立
失智症「單元式」照顧專區

據台灣失智症協會推斷，台灣目前六十五歲以上，每十二人即有一位失智者，八十歲以上，每五人即有一位失智者。失智症是一群症狀的組合，會造成記憶力及其他認知功能的退化，進而影響個人生活自理、情緒控管、社會適應等的能力，所需要的照顧人力更是一般失能長輩的二．六七倍！二〇一〇年，雙連安養中心即率先成立「失智症單元式照顧專區」，每個單元內設有符合日常生活模式的客廳及簡易餐廳，以專業規劃的溫馨環境、高度的照顧人力比，為格外需要安全感的失智症長輩，建立一個有歸屬感的家。

大好文化 新視野 | 2

走過二十年的恩典足跡——雙連安養中心感恩文集

財團法人臺灣基督長老教會雙連教會附設新北市私立雙連安養中心　著

蔡政道／董事長
雙連安養中心團隊／策劃
胡芳芳、林稚雯／撰稿
黃世澤／攝影

出　版／大好文化企業社
榮譽發行人／胡邦崐、林玉釵
發行人暨總編輯／胡芳芳
總經理／張容、張瑋
主　編／古立綺
編　輯／方雪雯、章曉春、林鴻讀
封面設計／陳文德
行銷統籌／呂蓉威
客戶服務／張凱特
通訊地址／ 11157 臺北市士林區磺溪街 88 巷 5 號三樓
讀者服務信箱／ fonda168 @gmail.com
郵政劃撥／帳號：50371148　戶名：大好文化企業社
讀者服務電話／ 0922309149、02-28380220
讀者訂購傳真／ 02-28380220
版面編排／唯翔工作室 (02)23122451
法律顧問／芃福法律事務所 魯惠良律師
印　刷／鴻霖印刷傳媒股份有限公司 0800-521-885
總經銷／大和書報圖書股份有限公司 (02)8990-2588
ISBN ／ 978-986-98447-2-7（平裝）
出版日期／ 2020 年 6 月 15 日初版
定價／新台幣 420 元

國家圖書館出版品預行編目 (CIP) 資料

走過二十年的恩典足跡 —— 雙連安養中心感恩文集 /
財團法人臺灣基督長老教會雙連教會附設
新北市私立雙連安養中心著；
胡芳芳，林稚雯採訪撰稿；黃世澤攝影
-- 初版 . -- 臺北市 : 大好文化企業 , 2020.06
280 面；全彩；17×23 公分 . --（新視野；2)
ISBN　978-986-98447-2-7(平裝)
1. 雙連安養中心　2. 文集
544.85　　109001811